TRAITÉ DU RACHAT DES RENTES FONCIERES,

D'après les Nouvelles Loix;

SUIVI

D'une INSTRUCTION PRATIQUE familière sur la liquidation et le rachat des droits seigneuriaux et rentes foncières, et sur la fixation de l'indemnité des dixmes inféodées, contenant le modèle des principaux actes relatifs auxdits liquidation et rachat:

Ouvrage servant de suite et de supplément au livre du même auteur, intitulé : *de la destruction du régime féodal ou commentaires sur les nouvelles loix relatives aux droits féodaux.*

Par M. GARNIER, homme de loi.

A PARIS,

Chez l'Auteur, rue de Grenelle Saint-Honoré, N°. 51.

Et chez { BELIN, libraire, rue Saint-Jacques.
DESENNE, libraire, au Palais-Royal.

De l'imprimerie de PROVOST, rue Mazarine, N°. 93.

19 Février 1791.

Nota. L'auteur se propose de publier à la fin de la séance de l'Assemblée nationale actuelle, ou plutôt, s'il y a lieu, la suite des décrets qui pourront encore être rendus sur les matières féodales, ainsi que toutes les instructions et renseignemens qui y seront relatifs ; ce supplément qui ne peut être volumineux, car il reste en cette partie peu de chose à faire, sera placé, (dans la même forme que celui qui se trouve ici page 184,) à la suite d'un ouvrage sur les *domaines* dont s'occupe l'auteur. Les personnes qui voudront se procurer à part ce supplément auront la complaisance d'en prévenir l'auteur.

P. S. Les personnes qui enverront des mémoires à l'auteur sur des questions de féodalité, auront soin (ce que presque tous oublient) de marquer précisément, dans quelle coutume, générale ou locale, sont situés les héritages, qu'elle est la mesure du pays, la dénomination usitée de cette mesure, et les usages suivis pour la culture et la perception des droits seigneuriaux portables ou querables.

TRAITÉ

DU RACHAT DES RENTES FONCIERES,

Ou Commentaires sur les nouvelles Loix relatives au Rachat de ces sortes de Rentes.

L'ASSEMBLÉE NATIONALE, par un des décrets rendus le 4 août 1789, et jours suivans, sur la suppression du régime féodal et de ses effets, avoit décrété, que toutes les rentes foncières perpétuelles, en nature ou en argent, seroient rachetables au taux qui seroit fixé.

Elle s'est depuis occupée du développement de ce décret, et ce sont ces loix de détail que nous allons rapporter, en ajoutant, aux décrets susceptibles d'explication, des notes qui indiqueront les motifs de la loi, et rappelleront les loix anciennes et nouvelles qui auront quelque relation avec chaque article.

Mais avant de rapporter la nouvelle loi, avant de la commenter, il nous a paru indispensable de dire ce qu'étoient les rentes foncieres, dans leur ancien régime d'irrachetabilité, ce qu'elles sont encore sous leurs autres rapports ; un traité succint, mais fondé sur les vrais principes, éclairera les idées du lecteur le moins versé dans cette matière ; des citoyens de toutes les classes sont propriétaires ou débiteurs de rentes foncières, soit perpetuelles, soit créés par baux à longues années ; mais tous ne comprendront pas, avec la même facilité, les dispositions des nouveaux décrets : la plupart des preneurs à rentes auront cependant un grand intérêt à profiter de la faculté du rachat, les bailleurs n'en auront pas moins à bien connoître les conditions du rachat ; il ne peut donc qu'être utile aux uns et aux autres, de rapprocher de la loi toutes les instructions, tous le renseignemens qui peuvent concourir à sa plus facile intelligence et sa plus parfaite exécution.

DES RENTES FONCIERES.

M. Pothier, dans son traité du contrat de bail à rente, définit le bail à rente foncière : un contrat par lequel l'une des parties baille et cède à l'autre un héritage, ou quelque droit immobilier, et s'oblige de le lui faire avoir à titre de propriétaire, sous la réserve qu'il fait d'un droit de rente annuelle d'une certaine somme d'argent, ou d'une certaine quantité de fruits, qu'il retient sur ledit héritage, et que l'autre partie, s'oblige réciproquement envers elle de lui payer, *tant qu'elle possédera ledit héritage* ».

Celle des parties qui baille l'héritage à la charge de la rente, s'appelle *le bailleur*; l'autre partie qui prend l'héritage à la charge de cette rente, s'appelle *le preneur*.

Le bail à rente diffère essentiellement du bail à ferme ou loyer.

Le bail à rente, transfère au preneur tout le droit qu'avoit le bailleur dans l'héritage baillé à rente, sous la réserve seulement du droit de rente que le bailleur s'y retient, et dont il charge l'héritage; au contraire, par le bail à loyer ou à ferme, le locataire ou le fermier n'acquièrent aucun droit dans l'héritage; le droit qu'ils acquièrent ne consiste que dans une créance personnelle, qui naît de l'obligation que contracte le bailleur de les en laisser jouir.

Delà naît la différence entre la rente, et les fermes ou loyers: ceux-ci ne sont qu'une dette de la personne du fermier ou locataire; la rente, est une charge du fonds imposée sur le fonds par le bail; c'est pourquoi elle est appellée *rente foncière*, quoiquelle soit aussi une dette de la personne du preneur, qui naît de l'obligation qu'il a contractée par le bail de la payer pendant tout le temps qu'il posséderoit l'hé-

La rétention d'un droit de rente est non-seulement de la nature, mais de l'essence du contrat de bail à rente.

Les choses qui peuvent être baillées à rente, sont les héritages, c'est-à-dire les fonds de terre et les maisons ; on peut aussi bailler à rente des droits incorporels, tels qu'étoient sous le régime féodal, les droits de champarts, les droits de fiefs, les censives, les justices, les droits de pêche, de péage ect. ; les greffes, avant l'organisation du nouvel ordre judiciaire, qui laisse au choix des juges la nomination des greffiers, pouvoient aussi être baillés à rente : il en est de même des privilèges des perruquiers.

Les meubles ne sont pas susceptibles du contrat de bail à rente, parce qu'il est de son essence, que le bailleur se réserve et retienne dans la chose qu'il donne à rente, un droit de rente qui soit un droit réel, c'est-à-dire un droit dans la chose, dont elle demeure chargée, en quelque mains que la propriété de la chose passe ; or les immeubles seuls sont susceptibles de ces charges réelles.

La rente foncière est une charge réelle, bien différente de l'hypothèque, dont on charge un héritage, sur lequel on assigne une rente constituée à prix d'argent, ou par don et legs.

Cette hypothèque n'est qu'une obligation accessoire de l'héritage, pour assurer d'autant mieux l'obligation personnelle de celui qui a constitué la rente, ou qui en a été chargé par testament : au contraire la charge d'une rente foncière dont est chargé l'héritage baillé à rente, est une obligation principale de l'héritage; c'est l'héritage qui en est le principal débiteur, plutôt que la personne du preneur, qui n'est tenu de la rente qu'autant qu'il possède l'héritage, et parce que cette charge d'héritage est de telle nature, que lhéritage ne peut s'en acquitter que par le fait et le ministère de son possesseur qui en doit payer pour l'héritage les arrérages.

La rente foncière convient avec la rente constituée à prix d'argent, en ce que, comme celle-ci, elle produit des arrérages annuels qui se divisent en autant de parties qu'il y a de jours dans l'année, c'est-à-dire en 365 parties.

Mais, d'une autre part, la rente foncière est très-différente de la rente constituée à prix d'argent; l'une est due par l'héritage, l'autre est une dette personnelle de celui qui l'a constituée, et de ses héritiers, dont ils ne peuvent se décharger, même en abandonnant ou cessant de posséder l'héritage sur lequel elle est assise; la dette de la rente foncière ne passe point aux héritiers du preneur en leur qualité d'héritiers, mais seulement à celui qui succède à l'héritage qui en est chargé, sauf les arrérages courus jusqu'à la mort du défunt, qui sont datés de la succession.

Les rentes constituées à prix d'argent, ont toujours été, par la nature du contrat de constitution, rachetables à perpétuité à la volonté du débiteur.

Au contraire, la rente créée par un bail d'héritage n'étoit point par sa nature rachetable, on tenoit pour principe, avant le décret du 4 août 1789, que le bailleur s'étant réservé le droit de cette rente dans son héritage, lors de l'aliénation qu'il en avoit faite, et n'ayant consenti à l'aliéner qu'à cette charge, il ne pouvoit pas être obligé, malgré lui, à souffrir le rachat de cette rente.

On avoit néanmoins, pour cause d'utilité publique, donné atteinte à ce principe à l'égard des rentes foncières dont les maisons de ville étoient chargées.

Charles VII, par une ordonnance de 1441, avoit le premier permis le rachat des rentes dues sur les maisons de la ville et fauxbourgs de Paris. Le motif expliqué dans le préambule fut, qu'un grand nombre de propriétaires de maisons qui étoient chargées de plusieurs rentes qui en absorboient le revenu, les laissoient tomber en ruine. Henri II avoit étendu ce privilège à toutes les villes du royaume.

Le décret du 4 août 1789, a déclaré rachetables toutes les rentes foncieres indistinctement; si les avantages de la population et de la décoration des villes avoient paru à nos Rois législateurs, des motifs suffisans pour faire une exception à la règle, on devoit tout accorder en faveur de l'agriculture, dont l'encouragement est aujourd'hui devenu l'objet principal de l'attention du gouvernement.

On verra , dans les nouveaux décrets, qu'elle est la forme , qu'elles sont les conditions de ce rachat. Achevons d'établir les principes qui ne tiennent point au remboursement des rentes foncieres.

Le preneur est obligé, tant qu'il possède l'héritage, de payer la rente fonciere, de conserver et entretenir l'héritage en bon état.

Il doit les intérêts des arrérages échus, du jour qu'il a été mis en demeure de les payer.

Il peut ainsi, que ses successeurs, se décharger de la rente de deux manieres, ou en aliénant l'héritage, ou en le déguerpissant; mais il faut pour cela , en l'un et l'autre cas, qu'il satisfasse pour le passé à tout ce à quoi il est obligé personnellement, soit par rapport au paiement des arrérages, soit par rapport à l'obligation de mettre l'héritage en bon état, ou d'y faire les améliorations qu'il s'étoit obligé de faire.

Le bailleur a action contre le preneur, non seulement pour en exiger le paiement, mais même pour rentrer dans l'héritage à défaut de paiement, lorsqu'il en est dû plusieurs termes; le bailleur a même, pour raison des arrérages, une action hypothécaire, parce que le fonds est affecté au paiement des arrérages.

Souvent, par les baux à rente, le preneur s'oblige à donner au bailleur, outre la rente, une somme d'argent qu'on appelle deniers d'entrée.

La clause de fournir et faire valoir, est très-commune dans les baux à rentes. Par cette clause, le preneur s'oblige envers le bailleur à lui payer à perpétuité la rente créée par le bail, dans le cas auquel il ne pourroit en être payé sur l'héritage baillé à rente.

L'obligation qui résulte de cette clause est une obligation personnelle que le preneur contracte, laquelle est subsidiaire à l'obligation de l'héritage. L'effet de cette clause est, 1°. que le preneur qui, sans cette clause, pourroit se libérer de la rente foncière pour l'avenir, en aliénant l'héritage qui en est chargé, ou en le déguerpissant, n'est pas reçu à le déguerpir, et ne cesse pas, lorsqu'il l'a aliéné, d'être débiteur de la rente subsidiairement cependant, c'est-à-dire que si le propriétaire de la rente demandoit au preneur le paiement des arrérages de la rente courus depuis qu'il l'a aliéné, le preneur pourroit lui opposer qu'il doit auparavant discuter les possesseurs de l'héritage qui en sont les principaux débiteurs.

2°. L'héritier médiat ou immédiat du preneur, peut être obligé à passer reconnoissance, quoiqu'il ne soit pas possesseur de l'héritage chargé de la rente; mais il ne doit pas, par l'acte de reconnoissance, s'obliger directement au paiement de la rente, il doit seulement reconnoître qu'en sa qualité d'héritier du preneur, il est tenu de l'obligation contractée par le preneur, de fournir et faire valoir la rente, et en conséquence s'obliger pour la part pour laquelle il est héritier, hypothécairement pour le total, s'il est bien tenant, à la payer, dans le cas auquel le créancier ne pourroit s'en faire payer sur l'héritage qui en est chargé.

3°. Le preneur, qui s'est obligé à fournir et faire valoir la rente, et ses héritiers, demeurent obligés à la prestation de la rente, quand même l'héritage chargé de la rente ne subsisteroit plus par l'effet d'une force majeure.

Outre l'action personnelle et l'action hypothécaire du bailleur contre le preneur, et tous les nouveaux propriétaires ou possesseurs de l'héritage, il peut en exercer une troisième, celle tendante à ce que ceux-ci soient condamnés à passer titre nouvel de la rente, et la continuer à l'avenir.

Les rentes foncières, lorsquelles étoient seigneuriales, étoient ordinairement imprescriptibles; mais l'article 8 du titre premier du décret du 15 mars 1790, sur les droits féodaux, les a soumis, quant au principal, à la même prescription que les immeubles réels.

Les rentes foncières et autres droits réels, non seigneuriaux, sont sujets à deux sortes de prescription; la première est celle qui résulte de la possession du tiers détenteur, qui a possédé pendant un certain temps, comme franc de la rente foncière, ou autre droit réel, qu'il ne connoissoit pas, l'héritage qui en est chargé; la seconde est celle qui résulte du non usage du créancier, ou de sa négligence à se faire servir de la rente; le temps de cette dernière prescription est la durée de 30 ans; elle se proroge pourtant à 40 ans, lorsque le preneur, ou autre possesseur de l'héritage sujet à la rente, s'est obligé de la payer par acte devant notaire; l'obligation qu'il a contractée par cet acte de payer la rente tant qu'il seroit possesseur, étant en ce cas jointe à l'hypothèque conventionnelle de ses biens, qu'il est censé avoir hypotéqués par cet acte devant notaire, aux termes de la Loi, *Cùm notissi-*

mi, cod. de præscr. 30 vel. 40 ann., suivie dans notre droit, (Pothier, dans l'ouvrage cité dont ce que dessus est extrait).

On n'a parlé jusqu'ici que des rentes foncieres constituées par bail d'héritages, on peut en créer d'une autre maniere, quand, sans aliéner son fonds, le propriétaire le charge d'une rente soit par voie de don, ou de legs.

On a beaucoup vacillé sur la question de savoir, si les rentes de dons et legs étoient véritablement foncières et comme telles non rachetables ; les uns vouloient quelles fussent rachetables, d'autres restreignoient ce privilège aux rentes créées pour une cause pie, et exigeoient que la rente eut été affectée sur un certain fonds; mais toutes ces difficultés ont disparu depuis le décret du 4 août 1789, qui déclare rachetables toutes les rentes foncières, de quelque espèces qu'elles soient.

Décret sur le Rachat des Rentes foncières.

Article VI du décret des 4, 6, 7, 8 et 11 août 1789.

Toutes les rentes foncières perpétuelles soit en nature, soit en argent, de quelque espèce qu'elles soient, quelque soit leur origine, à quelques personnes

qu'elles soient dues, gens de main morte, domaines, apanagistes, ordre de Malthe, seront rachetables; les champarts de toute espèce, et sous toutes dénominations, le seront pareillement au taux qui sera fixé par l'Assemblée.

Le comité féodal, dans le rapport fait à l'Assemblée nationale, le 30 novembre 1790, et sur lequel sont intervenus les décrets ci-après rapportés, a divisé en six classes principales les questions qui se présentoient, et dont la solution devenoit nécessaire pour donner au décret général du 4 août, tout le développement dont il étoit susceptible.

Dans la première classe, il a placé celles qui concernoient le point de savoir, si certaines espèces de contrats devoient, ou non, recevoir l'application du décret.

Dans la seconde, il examine les règles générales qui doivent régir le rachat des rentes foncières, soit relativement à la divisibilité ou indivisibilité du rachat, soit relativement a la qualité des personnes qui doivent offrir ou recevoir le rachat.

Dans la troisième, les règles qui concernent le taux et le mode du rachat.

Dans la quatrième, l'effet que la faculté de rachat doit produire, relativement aux droits ci-devant seigneuriaux, soit tant qu'ils n'auront point été rachetés, soit relativement à leur rachat.

Dans la cinquième, l'effet de la faculté du rachat relativement au bailleur lui-même, et au preneur.

Dans la sixième, l'effet de la faculté du rachat vis-à-vis des créanciers du bailleur.

La plupart des articles décrétés sur les rentes foncières, ne sont que l'application faite au rachat des rentes foncieres, des dispositions déja décrétées pour le rachat des rentes ci-devant seigneuriales.

On auroit pu se contenter de rendre communs aux rentes foncières, ces articles décrétés pour les rentes ci-devant seigneuriales, mais cette forme avoit plusieurs inconvéniens qui ont été prévus par le comité.

D'une part, elle obligeoit ceux qui ne voudroient opérer

que pour des rentes foncières, à acheter deux décrets au lieu d'un.

D'une autre part, l'application des mêmes règles aux rentes foncières, exigeoit des changemens d'expression, et un simple renvoi à des loix appliquées aux rentes seigneuriales pouvoit donner lieu à des équivoques qui eussent embarrassé l'exécution de la loi.

Enfin le comité a pensé qu'on ne devoit rien négliger de ce qui pouvoit faciliter l'intelligence et l'exécution de la loi, et qu'il étoit toujours plus commode de trouver réuni sous un même titre tout ce qui concernoit le même objet.

Ce sont ces motifs qui ont déterminé l'Assemblée à rendre les décrets suivans.

DÉCRET DU 18 DÉCEMBRE 1790.

TITRE PREMIER.

Quelles sont les Rentes assujéties au Rachat.

ART. Ier. Toutes les rentes foncières perpétuelles (1), soit en nature, soit en argent, de quelque espèce qu'elles soient, quelque soit leur origine, à quelques personnes qu'elles soient dues, gens de main morte, domaine, apanagistes, ordre de Malthe, même les rentes de dons et legs, pour cause pie ou de fondation, seront rachetables : les champarts de toute espèce et sous toutes dénominations, le seront pareillement au taux qui sera ci-après fixé. Il est défendu de plus, à l'avenir, créer aucune redevance foncière non remboursable, sans préjudice des baux à rente ou emphythéose, et non perpétuels, qui seront exécntés pour toute leur durée, et pourront être faits, à l'avenir, pour 99 ans et au-dessous, ainsi que les baux à vie, même sur plusieurs têtes, à la charge qu'elle n'excedent pas le nombre de trois.

(1) RENTES FONCIERES PERPÉTUELLES. L'article premier de ce titre n'est qu'une extension de celui du 4 août, l'un et l'autre déclarent rachetables TOUTES LES RENTES FONCIERES PERPÉTUELLES, ce qui n'en excepte aucune, qu'elle qu'elle soit; mais il faut bien faire attention qu'il n'est question que des rentes perpétuelles, et non des rentes foncières créées par des baux a longues années, de 27, 30, 40, et même 99 ans.

Il est vrai que dans le bail à rente à terme, le preneur n'acquiert point une propriété incommutable; mais ce bail à rente transfère au preneur une propriété parfaite pour tout le temps de sa durée; le preneur acquiert une pleine propriété simplement résoluble, de là vient que, pendant toute la durée du bail, le preneur supporte toutes les charges réelles du fonds, et qu'il est soumis à toutes les actions qui ont lieu contre le preneur à rente perpétuelle. [Rapport du Comité.]

Il n'est donc pas douteux que les rentes créées par des baux à rente à terme, sont de véritables rentes foncières qui seroient susceptibles de l'application du décret du 4 août, si ce décret avoit prononcé purement et simplement le rachat des rentes foncières.

Mais il a restreint la faculté de rachat aux seules rentes foncières perpétuelles, et l'article premier ci-dessus confirme l'exception, par rapport aux baux à longues années.

ART. II. Les rentes ou redevances foncières établies par les contrats connus, en certains pays, sous le titre de locaterie perpétuelle (1), sont comprises dans les dispositions et prohibitions de l'article précédent, sauf les modifications ci-après sur le taux de leur rachat.

(1) LOCATERIE PERPÉTUELLE. Genre de contrat particulier aux pays de droit écrit. Voici comment le comité s'exprime à ce sujet dans son rapport :

« L'alliance de ces deux expressions, LOCATERIE PERPÉTUELLE, fait assez pressentir la difficulté qui s'élève sur ce genre de contrat. Le terme LOCATERIE, semble n'indiquer qu'une cession de fruits, tandis que l'expression PERPÉTUELLE semble désigner une véritable aliénation du fonds, et assimiler le contrat au véritable bail à rente perpétuelle.

Cependant plusieurs auteurs du pays de droit écrit, prétendent mettre une différence essentielle entre ces deux espèces de contrats : suivant eux, « ce contrat n'est point véritablement translatif de propriété..... Ce n'est proprement qu'un cisaillement de la propriété en deux parties, dont l'une demeure à titre de propriété à celui qui donne le fonds, et l'autre passe à titre d'usufruit sur la tête du locataire..... Le bailleur se réserve la propriété et la possession civile, il ne baille que la possession naturelle au preneur ».

Pour soutenir cette définition, on observe que le preneur, dans la locaterie perpétuelle, est spécialement obligé à l'amélioration ; que toute dégradation, même la coupe des bois de haute-fûtaie, lui est interdite ; que le titre lui interdit toute division ; qu'à défaut de paiement de la rente, le bailleur peut, sans forme de procès, et sur une simple assignation en désistât, évincer le locataire, lorsqu'il ne paie pas dans le cours du délai, que la justice lui prescrit. On convient que l'usage le plus ordinaire, est que le locataire acquitte les charges réelles, comme taille et autres impositions ; mais on ajoute que quelquefois cependant le locateur s'en réserve expressément l'acquittement, et qu'à défaut de paiement, dans l'un et l'autre cas, c'est contre le locateur que le fisc dirige son action.

On appuie encore sur la définition de la locaterie perpétuelle sur la jurisprudence du Parlement de Toulouse : on en cite plusieurs arrêts qui ont autorisé le locateur à rentrer dans la chose faute de paiement pendant trois ans, en vertu d'une simple ordonnance et sans décret, comme on est obligé de le faire dans le cas du bail à cens ou à rente foncière.

Enfin on observe qu'il est de la plus grande importance de maintenir le contrat, dans les pays où il est en usage, et surtout dans les montagnes des Cévennes ; le numéraire y est rare ; le plus grand nombre des habitans ne pourroient acheter la plus petite propriété. Cent agricoles se présentent sur l'offre d'une locaterie perpétuelle ; les fonds cédés à ce titre reçoivent très-promptement des améliorations considérables, la population s'augmente. Les propriétaires des fonds susceptibles de ce genre de location les garderoient, et la population décroîtroit journellement. Au contraire, l'agriculture et la population seront favorisées par l'usage de ces contrats, qui sont regardés dans le pays comme un patrimoine très-précieux. Ce genre de contrat y est préféré à cause de la solidité de l'engagement et la facilité de pouvoir rentrer dans le fonds.

Tels sont les motifs sur lesquels on proposoit d'excepter de la loi du 4 août les contrats à locaterie perpétuelle.

Mais la différence que l'on vouloit mettre entre ce genre de contrat et celui du bail à rente, n'a pas paru au comité fondée sur des raisons suffisantes.

Une LOCATERIE, continue le rapport, n'annonce à la vérité qu'une cession de la jouissance de fruits. Mais un DROIT PERPÉTUEL de jouissance est incompatible avec l'idée d'un simple bail à loyer. Un usufruit perpétuel est une idée sauvage et peu conciliable avec les notions communes ; il en est de même de l'idée que ce contrat est un cisaillement de la propriété en deux parties, lequel réserve à l'un la propriété, et à l'autre une jouissance perpétuelle. Cette idée ne signifie rien, ou ne signifie autre chose que ce genre de propriété purement fictive, que l'on suppose également réservée au bailleur dans le bail à rente ordinaire.

La stipulation qui assujettit le preneur à des améliorations, et celle qui lui interdit toute dégradation, sont communes au bail à rente ordinaire.

Ce sont des conditions qui ont pour objet la sûreté du service de la rente.

La défense de couper les bois de haute fûtaie, n'est qu'une réserve d'une partie de la propriété, qui n'empêche point que le surplus n'ait pu être aliéné ; cette réserve n'est pas une chose particulière aux baux à locaterie perpétuelle, elle se trouve quelquefois dans les baux à rente ; et tout ce qu'elle peut produire, c'est d'obliger le preneur, lors du remboursement de la rente, à payer la valeur des bois réservés.

La prohibition de diviser et aliéner avoit autrefois lieu dans les inféodations et les accensemens, ce qui n'empêchoit pas que les actes n'emportassent aliénation de la propriété ; et cette prohibition est encore une condition qui a pour objet la sûreté et la facilité du service de la rente.

Si le locateur peut rentrer sans décret dans son fonds, c'est une simple faculté dérivante de la convention, ou attachée par la jurisprudence à ce contrat; les baux à rente peuvent être résiliés faute de paiement d'un certain nombre d'arrérages; la différence introduite par la jurisprudence de Toulouse, ne consiste que dans le mode de la procédure suivie pour la rentrée dans le fonds.

Ce ne peut être que comme propriétaire, que le locataire acquitte, sans diminution sur sa redevance, les charges réelles et publiques; la garantie que le fisc exerce contre le locateur, n'est qu'une extension abusive de ses priviléges, extension qui pouvoit d'ailleurs avoir un prétexte si le locateur ne payoit point d'imposition à raison de la rente.

Enfin dans les pays où ce genre de contrat est en usage, on ne conteste pas que le fonds est hypothéqué aux dettes du locataire. et qu'au contraire il ne peut être affecté aux dettes du locateur; circonstance qui seule décide la question, et prouve que ce contrat emporte une véritable aliénation de la propriété.

Quant aux considérations que l'on fait valoir, et que l'on tire des avantages que ce genre de contrat procure à l'agriculture et à la population, on pourroit les appliquer également aux baux à rentes. On conservera ces avantages en autorisant les baux à rente à temps.

Ici la perpétuité de la charge appelle nécessairement les locateries perpétuelles dans la classe de toutes les rentes foncières sur lesquelles frappe le décret du 4 août.

Ce sont ces raisons qui ont déterminé l'article 2 ci-dessus.

TITRE II.

Principes généraux sur le Rachat.

ART. Ier. Tout propriétaire pourra racheter les rentes et redevances foncières perpétuelles, à raison d'un fonds particulier, encore qu'il se trouve posséder plusieurs fonds grevés de pareilles rentes envers la même personne, pourvu néanmoins que ces fonds ne soient pas tenus sous une rente ou une redevance foncière solidaire, auquel cas le rachat ne pourra pas être divisé.

Cet article correspond à l'article 2 du decret du 3 mai 1790, sur les droits féodaux.

ART. II. Lorsqu'un fonds grevé de rente ou redevance foncière perpétuelle, sera possédé par plusieurs co-propriétaires, soit divisement, soit par indivis, l'un d'eux ne pourra point racheter divisement ladite rente ou redevance, au prorata de la portion dont il est tenu, si ce n'est du consentement de celui auquel la rente ou redevance sera due, lequel pourra refuser le remboursement total, en renonçant à la solidarité vis-à-vis de tous les coobligés; mais quand le redevable aura fait le remboursement total, il dameurera subrogé aux droits du créancier, pour les exercer contre les co-débiteurs, mais sans aucune solidarité, et chacun des autres co-débiteurs pourra racheter à volonté sa portion divisement.

Cet article est presque mot pour mot l'article 4 du décret du 3 mai 1790, sur les droits féodaux.

Ainsi je suis propriétaire d'une rente foncière de 600 livres, assise sur un fonds que j'ai baillé à rente, et qui est possédé par Pierre, Jacques et Jean. Pierre ne peut racheter la rente pour sa portion seulement, s'il veut user de la faculté du rachat, il doit m'offrir le capital de 600 livres de rente; de mon côté, j'ai droit de refuser ce remboursement total, mais à la condition de renoncer à la solidarité, car autrement mon refus rendroit illusoire la faculté de rachat que la loi veut au contraire faciliter; alors Pierre, ou l'un ou l'autre de ses co-débiteurs, a le droit de m'offrir sa portion seulement; mais si j'ai consenti à recevoir de l'un d'eux le remboursement total, celui qui m'a remboursé sera subrogé à mes droits en vertu de la loi, les autres coobligés deviendront ses débiteurs; mais sans solidarité, parce qu'ils n'ont point contracté envers lui l'obligation solidaire.

Art. III. Pourront les propriétaires de fonds grevés de rentes ou redevances foncières, traiter avec les propriétaires desdites rentes ou redevances, de gré à gré, à telle somme et sous telles conditions qu'ils jugeront à propos, du rachat desdites rentes ou redevances, et les traités ainsi faits de gré à gré, entre majeurs, ne pourront être attaqués sous prétexte de lésion quelconque, encore que le prix du rachat se trouve inférieur, ou supérieur, à celui qui auroit pu résulter du taux qui sera ci-après fixé.

Cet article est le même que l'article 6 du décret du 3 mai 1790.

Exemple. Il m'est dû par Pierre une rente en argent ou denrées; Pierre veut racheter, et nous convenons que, sans autre calcul, il me donnera une somme de mille livres, une fois payée, pour le remboursement, moyennant quoi je décharge lui et sa terre de toute redevance; cet accord, si nous sommes majeurs l'un et l'autre, ne peut plus être attaqué, soit que d'après la loi, j'eusse pu exiger de Pierre 1500 livres pour son rachat, ou qu'il n'eut été obligé de me payer que 600 livres : c'est à nous à nous imputer d'avoir préféré un arrangement de gré à gré aux conditions de la loi.

Cependant, cet article n'exclut pas le cas de mauvaise foi, fraude ou erreur de la part des parties qui traitent amiablement. Par exemple, Jacques doit à mon père une rente de 400 livres; mon père décède, et ignorant le montant de la rente, je traite comme héritier avec Jacques, qui m'assure que la rente n'est que de deux cents livres; je me fie à sa parole, et sans plus d'examen, je reçois de ce débiteur une somme quelconque, à titre de forfait pour le rachat de la rente que je crois n'être que de deux cens livres; je découvre ensuite la fraude de Jacques. En ce cas, j'ai le droit, en prouvant mon erreur et la mauvaise foi, de revenir contre le traité.

Art. IV. Les tuteurs, curateurs et autres administrateurs des pupilles, mineurs ou interdits, les grevés de substitution, les maris dans les pays où les dots sont inaliénables, même avec les consentemens des femmes, ne pourront liquider les rachats des rentes ou redevances foncières, appartenantes aux pupilles, aux mineurs, aux interdits, à des substitutions, et auxdites femmes mariées, qu'en la forme et au taux ci-après prescrit, et à la charge du remploi; le redevable, qui ne voudra point demeurer garant du remploi, pourra consigner le prix du rachat, lequel ne sera délivré aux personnes qui sont assujetties au remploi, qu'en vertu d'une ordonnance du juge, rendue sur les conclusions du commissaire du roi, auquel il sera justifié du remploi.

Cet article est le même que l'article 7 du décret du 3 mai. Voyez l'instruction pratique.

Art. V. Lorsque le rachat aura pour objet une rente ou redevance foncière appartenante à une communauté d'habitans, les officiers municipaux ne pourront le liquider et en recevoir le prix, que sous l'autorité et avec l'avis des assemblées administratives du département ou de leurs directoires, lesquels seront tenus de veiller au remploi du prix.

Cet article est le même que l'article 8 du décret du 3 mai.

Exemple. Pierre doit à telle communauté 100 livres de rente foncière, il veut se racheter : voici la marche à tenir Pierre doit remettre aux officiers municipaux un Mémoire contenant ses offres de racheter la rente de 100 livres, suivant le taux de la loi ; il prend une reconnoissance du greffier, de la remise de ce Mémoire.

Les officiers municipaux délibèrent sur l'offre ; ils peuvent même entrer en discussion avec le redevable, sur la suffisance ou insuffisance de ses offres ; mais ils ne peuvent terminer la liquidation seuls : ils remettent le Mémoire et leurs observations, avec indication du moyen de remploi, au directoire du district, qui donne son avis, l'envoie à l'assemblée de département, laquelle approuve ou rejette l'opération de liquidation. En cas d'approbation, elle autorise la municipalité à recevoir le rachat offert, et la charge de lui justifier de l'emploi avantageux des deniers provenans du rachat.

Art. VI. La liquidation du rachat des rentes appartenantes à la nation (1), ne pourra être faite que par les assemblées administratives du district dans l'arrondissement duquel se trouvera situé le fonds grevé de la rente, ou leur directoire sous l'inspection et avec l'autorisation des assemblées administratives du département ; le paiement du prix dudit rachat, ne pourra être fait qu'à la caisse du district dudit arrondissement, et le directoire du district sera tenu de faire verser le prix dans la caisse de l'extraordinaire.

(1) [A LA NATION. Ou dépendantes des biens nationaux. L'Assemblée nationale a déclaré par l'article premier du titre premier du décret du 23 octobre 1790, qu'elle entendoit par biens nationaux ; 1o. Tous les biens du domaine de la couronne ; 2o. tous les biens des apanages ; 3o. tous les biens du clergé ; 4o. tous les biens des séminaires diocésains.

Le même article ajourne ce qui concerne, 1o. les biens des fabriques ; 2o. les biens des fondations établies dans les églises paroissiales ; 3o. les biens des séminaires-colléges, des colléges, des établissemens d'études et de retraites, et de tous établissemens destinés à l'enseignement public ; 4o. les biens des hôpitaux, maisons de charité et autres établissemens destinés au soulagement des pauvres, ainsi que ceux de l'ordre de Malthe, et de tous autres ordres religieux militaires.

ART. VII. La disposition de l'article précédent aura lieu indistinctement, et sauf les seules exceptions ci-après, à l'égard des rentes nationales à quelque établissement, corps, ou bénéfices et offices supprimés qu'elles appartiennent, encore qu'il s'agisse d'établissemens dont l'administration a été conservée provisoirement, ou autrement, par les précédens décrets, et notamment par celui du 23 octobre dernier, soit à des municipalités, soit à certains administrateurs de fondations, séminaires, colléges, fabriques, établissemens d'études ou de retraite, hôpitaux, maisons de charité, bénéfices actuellement régis par l'économe général du clergé, enfin à certains ordres de religieux ou religieuses, même à l'égard des rentes appartenantes aux établissemens protestans mentionnés en l'article 17 du titre premier du décret du 23 octobre dernier; à l'égard de toutes lesquelles rentes la liquidation ne pourra être faite que par les administrations de départemens et districts, et le prix du rachat ne pourra être versé qu'en la caisse du district, ainsi qu'il a été dit en l'article ci-dessus, à peine de nullité desdits rachats.

Art. VIII. Sont exceptées des dispositions des articles 6 et 7 ci-dessus, les rentes ci-devant appartenantes au domaine de la couronne, aux apanagistes, aux engagistes, aux échangistes dont les échanges ne sont point encore consommés, la liquidation du rachat desdites rentes sera faite, jusqu'à ce qu'il en ait été autrement ordonné par les administrateurs de la régie actuelle des domaines, ou par leurs préposés, à la charge, 1°. par eux de se conformer aux taux ci-après prescrits; 2°. que les liquidations seront vérifiées et approuvées par les administrations de départemens et de districts dans l'arrondissement desquels se trouveront situés les fonds affectés auxdites rentes; 3°. de compter par les administrations de la régie du prix desdits rachats, et de le verser au fur et à mesure dans la caisse du district dudit arrondissement, qui le reversera dans la caisse de l'extraordinaire.

Art. IX. Sont pareillement exceptées des dispositions des articles 6 et 7 ci-dessus, les rentes appartenantes aux commanderies, dignités et grands prieurés de l'ordre de Malthe. Lesdits rachats, jusqu'à ce qu'il en ait été autrement ordonné, pourront être liquidés par les titulaires actuels, à la charge, 1°. de se conformer au taux qui sera ci-après prescrit; 2°. de faire vérifier et approuver la liquidation par les administrations de département et de district, dans l'arrondissement desquels se trouveront situés les manoirs, ou chefs-lieux desdites commanderies, dignités et grands prieurés; 3°. de verser le prix dudit rachat au fur et à mesure dans la caisse du district dudit arrondissement, qui le reversera dans la caisse de l'extraordinaire.

Art. X. Les administrateurs des établissemens françois, et les évêques et curés françois, qui possèdent des rentes assises sur les fonds situés en pays étrangers, ne pourront en recevoir aucun remboursement, quand même il leur seroit offert volontairement, à peine de restitution du quadruple, en cas de contravention. La liquidation du rachat desdites rentes, s'il étoit offert volontairement, ne pourra être faite que par les assemblées administratives du district, dans l'arrondissement desquels se trouveront les manoirs desdits bénéfices, ou les chefs-lieux desdits établissemens, sous l'inspection et l'autorisation des assemblées administratives du département, et le prix du rachat sera versé dans la caisse du district dudit arrondissement, et de là dans celle de la caisse de l'arrondissement de l'extraordinaire, ainsi qu'il est dit en l'article 6.

Art. XI. Les tuteurs, curateurs et autres administrateurs désignés dans l'article IV, ci-dessus, pourront liquider à l'amiable et sans être obligés de recourir à des estimations par experts, les rachats des rentes foncieres appartenantes aux personnes soumises à leur administration, à la charge que leurs évaluations seront faites par articles séparés, lorsque les rentes seront composées de redevances de diverses qualités et natures; que chacun des articles indiquera la conformité de l'évaluation avec le mode et le taux ci-après prescrits; pourront en outre lesdits administrateurs, qui voudront se mettre à l'abri de toutes recherches personnelles, de la part de ceux soumis à leur administration, faire approuver lesdites liquidations par un avis de parens.

Art. XII. Pourront pareillement les officiers municipaux, dans le cas de l'article V ci-dessus; les directoires de districts dans les cas ou la liquadation leur est attribuée par les articles VII et VIII, et les administrateurs des biens nationaux qui sont autorisés à liquider le rachat par les articles VIII et IX, de procéder auxdites liquidations, à la charge de se conformer à la régle prescrite par l'article précèdent; et en outre à la charge de les faire vérifier et approuver par les directoires des départemens, sans préjudice aux directoires des départemens, de pouvoir, avant d'accorder leur *visa*, exiger une estimation préalable par experts de tout ou de partie des objets à liquider, dans le cas seulement ou ils jugeroient ne pouvoir apprécier autrement la réguliarité desdites liquidations.

ART. XIII. Dans les cas ou la rente rachetée, et dont le prix aura été versé dans les caisses de district et de l'extraordinaire, appartiendra à des établissemens non supprimés, et qui ne le seront point par la suite, il sera, s'il à lieu, et d'après l'avis des assemblées administratives, pourvû à telle indemnité qu'il appartiendra en faveur desdits établissemens.

TITRE III.

Mode et taux du Rachat.

ART. Ier. Lorsque les parties, auxquelles il est libre de traiter de gré à gré, ne pourront point s'accorder sur le prix du rachat des rentes ou redevances foncières, le rachat sera fait suivant les règles et les taux ci-après.

ART. II. Le rachat des rentes et redevances foncières originairement créées irrachetables et sans aucune évaluation du capital, seront remboursables : savoir, celles en argent sur le pied du denier vingt, et celles en nature de grains, volailles, denrées, fruits de récoltes, services d'hommes, chevaux, ou autres bêtes de somme et de voitures au denier vingt-cinq de leur produit annuel, suivant les évaluations qui en seront ci-après faites. Il sera ajouté un dixième auxdits capitaux, à l'égard des rentes qui auront été créées sous la condition de non retenue des dixièmes, vingtièmes et impositions royales.

Ainsi, une rente de 100 livres, payable en argent, dont le capital ne sera pas fixé par le contrat à un prix inférieur ou supérieur, sera remboursable, moyennant 2000 livres.

En général, le débiteur d'une rente foncière avoit le droit de retenir le vingtième, lorsqu'il payoit cette rente à son créancier.

Cependant, un grand nombre de rentes sont créés sous la condition de non-retenue des dixièmes, vingtièmes et autres impositions royales ; il y en avoit d'autres, comme les rentes de dons et legs, qui n'avoient aucun capital, et qui se payoient sans retenue, en vertu de la disposition du testateur ou donateur ; il est évident que la condition de non-retenue produit le même effet que si sa rente avoit été stipulée plus forte ; il n'étoit donc pas juste de faire rembourser ces rentes au même taux que celles sujettes à retenue ; c'est ce motif qui a fait augmenter en ce cas le capital, d'un dixième : ainsi, le débiteur de la rente foncière de 100 livres, sera tenu, dans cette espèce, d'ajouter le dixième de 2000 livres, qui est de 200 liv.

Cette exception n'étoit applicable qu'aux rentes foncières non-seigneuriales ; il est vrai que les rentes seigneuriales se payoient aussi sans retenue ; mais cette règle étoit fondée sur la jurisprudence, et non sur la convention.

La jurisprudence étoit fondée sur cette considération, que

les rentes seigneuriales étoient imposables aux dixième et vingtième, comme les domaines du fief, et que le censitaire ne payoit ce genre d'imposition sur son fonds, que déduction faite des charges foncières seigneuriales; si quelques baux à cens portent la condition de non-retenue, cette stipulation y étoit surabondante, et n'étoit que l'expression de la règle. [Rapp. du Com.].

Art. III. A l'égard des rentes et redevances foncières, originairement créées rachetables, mais qui sont devenues irrachetables avant le 4 août par l'effet de la prescription, le rachat s'en fera sur le capital porté au contrat, soit qu'il soit inférieur ou supérieur aux deniers ci-dessus fixés.

Plusieurs rentes foncières ont originairement été crées rachetables, moyennant une certaine somme déterminée par le contrat, et ne sont devenues rachetables que par l'effet de la prescription; car la faculté du rachat stipulée par le bail à rente, se prescrivoit en général par trente ans, entre AGÉS ET NON-PRIVILÉGIÉS [Cout. Paris, art, 120] on regardoit cette faculté de rachat comme l'effet de l'obligation personnelle contractée par le bailleur, de souffrir le rachat de la rente; et c'étoit, comme c'est encore, une règle commune à toutes les obligations personnelles, qu'elles se prescrivent par 30 ans, lorsque celui envers qui elles sont contractées, a laissé passer ce temps, sans user de son droit.

Il est évident que la loi qui les déclare aujourd'hui rachetables, n'a fait qu'anéantir le privilége qui les avoit rendu non-rachetables, et que remettre les parties au même état où elles étoient avant la prescription acquise. C'est donc le contrat qui, à l'égard de ces rentes, doit faire la seule loi des parties. Le rachat doit en être fait sur le prix stipulé, soit qu'il soit supérieur ou inférieur à celui de la loi; et il n'y aura conséquemment, à l'égard de ces rentes, aucune évaluation à faire de leur produit annuel.

Art. IV. Dans les pays où il est d'usage,

soit dans les baux à rente, soit dans les locateries perpétuelles, d'interdire au preneur la coupe des bois de haute futaie, et de la réserver au bailleur, ou d'assujettir le preneur à en rembourser la valeur au bailleur, celui-ci conservera le droit de couper lesdits bois lorsqu'ils seront parvenus en maturité, si mieux il n'aime consentir d'en recevoir la valeur actuelle, suivant l'estimation qui en sera faite par experts, ou à l'amiable; auquel cas le preneur sera tenu de rembourser au bailleur le prix desdits bois, outre le capital fixé par l'article 2 ci-dessus pour le rachat de la rente.

Art. IV, *bis*.

Dont l'intercallation a été ordonnée le 4 décembre 1790.

« Lorsque les baux à rente ou à emphytéose perpétuelle non seigneuriale, contiendront la condition expresse imposée au preneur et à ses successeurs, de payer au bailleur un droit de lods ou autre droit casuel quelconque en cas de mutation, et dans les pays où la loi assujettit les détenteurs audit titre de bail à rente ou à emphithéose perpétuelle non seigneuriale, à payer au bailleur des droits casuels aux mutations; le possesseur qui voudra racheter la rente foncière ou emphytéotique, sera tenu, outre le capital de la rente indiquée en l'article 2 ci-dessus, de racheter les droits casuels dus aux mutations, et ce rachat se fera aux taux prescrits par le décret du 3 mai, pour le rachat des droits pareils ci-devant seigneuriaux, selon la quotité ou la nature du droit qui se trouvera dû par la convention ou suivant la loi.

Art. V. L'évaluation du produit annuel des rentes et redevances foncieres non-stipulées en argent, mais payables en nature de grains, denrées, fruits de récolte ou service d'homme, bêtes de somme, ou voitures, se fera d'après les régles et les distinctions ci-après.

Art. VI. A l'égard des redevances en grains, il sera formé une année commune de leur valeur d'après le prix des grains de même nature, relevé sur les régistres du marché du lieu où se devoit faire le paiement, ou du marché plus prochain s'il n'y en a pas dans le lieu. Pour former l'année commune, on prendra les quatorze années antérieures à l'époque du rachat; on retranchera les deux plus fortes et les deux plus foibles, et l'année commune sera formée sur les dix années restantes.

L'année commune est le prix moyen entre le plus haut et le plus bas prix.

On peut aisément connoître le ptix des grains de chaque année, par le moyen des registres qui sont tenus au greffe, dans chaque ville où il y a marché, et dans lequel on inscrit le rapport que les mesureurs et marchands de blé font chaque semaine, de la valeur et estimation commune des grains.

Si donc je dois une redevance d'un boisseau de blé, je vais

consulter le registre, je me fais délivrer un extrait du prix commun des grains pendant les quatorze années antérieres ; je trouve, par exemple, que le blé s'est vendu depuis 4 liv. jusqu'à 8 livres, qui sont les deux prix, le plus bas et le plus haut ; je retranche les deux années les plus fortes et les deux années les plus foibles, et je forme sur les dix années restantes, un prix commun de 6 livres, qui me donne le produit annuel liquide de la redevance, et c'est au denier 25 de ce produit, qu'elle sera rachetable ; j'offrirai donc à mon bailleur 150 liv. pour le capital de ma rente évaluée à 6 livres par an.

Art. VII. Il en sera de même pour les redevances en volailles, agneaux, cochons, beurre, fromage, cire et autres denrées, dans les lieux où leur prix est porté dans les registres des marchés.

A l'égard des lieux où il n'est point d'usage de tenir de registre du prix des ventes de ces sortes de denrées, l'évaluation des rentes de cette espèce sera faite d'après le tableau estimatif qui en aura été formé en exécution de l'article XV du décret du 3 mai, par le directoire du district du lieu où devoit se faire le paiement ; lequel tableau servira pendant l'espace de dix années de taux pour l'estimation du produit annuel desdites redevances ; le tout sans déroger aux évaluations portées par les titres, coutumes ou réglemens.

L'article 15 du décret du 3 Mai, concernant le rachat des droits féodaux, qui correspond à celui-ci, porte que dans les lieux où il n'est point d'usage de tenir registre du prix des ventes des denrées mentionnées audit article, les directoires des districts en formeront incessamment un tableau estimatif, sur le prix commun, auquel ont coutume d'être évaluées ces sortes de denrées, pour le paiement des redevances foncières.

C'est ce tableau, dont la confection est ordonnée pour l'évaluation des redevances ci-devant seigneuriales, qui servira également pour les rentes foncières. Voyez à ce sujet l'instruction pratique.

Art. VIII. A l'égard des rentes et redevances foncières stipulées en service de journées d'hommes, de chevaux, bêtes de travail et de somme, ou de voitures, l'évaluation s'en fera pareillement d'après le tableau estimatif qui en aura été formé en exécution de l'article XVI du décret du 3 mai, par le directoire du district du lieu où devoient se faire lesdits services, lequel tableau servira pareillement pendant l'espace de dix années pour l'estimation du produit annuel desdites redevances; le tout sans déroger aux évaluations portées par les titres, coutumes ou réglemens

L'article 16 du décret du 3 mai 1790, concernant les redevances ci-devant seigneuriales, et consistantes en volailles, agneaux, etc. .... porte que chaque directoire de district formera pareillement un tableau estimatif du prix ordinaire des journées d'hommes, de chevaux, de bêtes de travail, etc. : que ce tableauestimatif sera formé sur le taux auquel lesdites journées ont accoutumé d'être estimées pour corvées, et servira pendant l'espace de dix ans, etc.

Art. IX. Quant aux rentes et redevances foncières qui consistent en une certaine portion des fruits récoltés annuellement sur le fonds, il sera procédé par des experts que les parties nommeront, ou qui seront nommés d'office par le juge, à une évaluation de ce que le fonds peut produire en nature dans une année commune. La quotité de la redevance annuelle sera ensuite fixée dans la proportion de l'année commune du fonds, et ce produit annuel sera évalué en la forme prescrite par l'article VI ci-dessus, pour l'évaluation des rentes en grains.

Voyez l'art. 17 do décret du 3 mai, et l'instruction pratique.

Art. X. Dans tous les cas où l'évaluation du produit annuel de la rente pourra donner lieu à une estimation d'experts, si le rachat a lieu entre parties qui aient la liberté de traiter de gré à gré, le redevable pourra faire au propriétaire de la rente, par acte extrajudiciaire, une offre réelle d'une somme déterminée. En cas de refus d'accepter l'offre, les frais de l'expertise, qui deviendra nécessaire, seront supportés par celui qui aura fait l'offre, ou par le refusant, selon que l'offre sera jugée suffisante ou insuffisante.

Art. XI. L'offre se fera au domicile du créancier lorsque la rente sera portable, et lorsqu'elle sera querable (1) au domicile que le créancier aura ou sera tenu d'élire dans le délai de trois mois, à compter du jour de la publication du présent décret, dans le ressort du distric du lieu où la rente devoit être payée, et à défaut d'élection, à la personne du commisaire du roi du district.

[1] QUERABLE. On appelle rente querable ou requerable, celle dont le créancier est obligé d'aller chercher le paiement chez son redevable, et rente portable, celle que le débiteur est tenu de payer au domicile de son créancier

Ainsi, le créancier d'une rente querable, sera tenu de notifier à son redevable, qu'il élit domicile à tel endroit dans le ressort du district, à l'effet de recevoir le remboursement que le dit....... redevable jugeroit à propos de lui faire de la rente de.....

ART. XII. Si l'offre mentionnée en l'article ci-dessus est faite à un tuteur, à un grevé de substitution, ou à d'autres administrateurs qui n'ont point la liberté de traiter de gré à gré, les administrateurs pourront employer en frais d'administration ceux de l'expertise, si elle a été ordonnée par l'avis de parens, ou par le directoire, lorsqu'ils auront été jugés devoir rester à leur charge.

ART. XIII. Tout redevable qui voudra racheter la rente ou redevance foncière dont son fonds est grevé, sera tenu de rembourser avec le capital du rachat, tous les arrérages qui se trouveront dus, tant pour les années antérieures que pour l'année courante, au prorata du temps qui sera écoulé depuis la dernière échéance jusqu'au jour du rachat.

ART. XIV. A l'avenir les rentes et redevances énoncées en l'article IX ci-dessus, ne s'arrérageront point, même dans les pays où le principe contraire avoit lieu, si ce n'est qu'il y ait eu demande suivie de condamnation; les rentes qui consistent en service de journées d'hommes, de chevaux et autres services énoncés en l'article VIII ci-dessus, ne pourront pas non plus être exigées en argent, mais en nature seulement, si ce n'est qu'il y ait eu demande suivie de condamnation. En conséquence, il ne sera tenu compte lors du rachat desdites rentes ou redevances, que de l'année courante, laquelle sera alors évaluée en argent, au *prorata* du temps qui sera écoulé depuis la dernière échéance jusqu'au jour du rachat.

TITRE IV.

De l'effet de la faculté du Rachat relativement aux droits seigneuriaux.

ART. Ier. Dans les pays et les cas où le rachat des rentes foncières, créées irrachetables, donnoit ouverture à des droits de lods et ventes, et dans ceux où les baux à rentes foncières rachetables, ainsi que la vente du fonds, à la charge de la rente rachetable, donnoient ouverture auxdits droits, les propriétaires des ci-devant fiefs ne pourront point exiger de droit de lods et ventes sous prétexte de la faculté qui a été accordée par le décret du 4 août, et qui est confirmée par le présent décret, de racheter les rentes foncières créées irrachetables. Lesdits droits de lods et ventes ne pourront être exigés que lors du remboursement effectif desdites rentes, et dans le cas où les droits casuels n'en auroient point été rachetés avant ledit remboursement ; sauf aux propriétaires des ci-devant fiefs à se faire payer des droits accoutumés, dans le cas de mutation où d'aliénation des fonds, soit dans le cas de mutation ou d'aliénation des rentes, tant que lesdites rentes n'auront point été remboursées, ou que le rachat desdits droits casuels n'aura point été fait.

Le rapport du comité va faire donner l'intelligence des dispositions de cet article. Voici comment il s'exprime :

La faculté du rachat, que le décret a accordée aux débiteurs des rentes foncières, ci-devant non-rachetables, donne lieu à deux difficultés importantes, relatives à l'effet que cette loi doit produire, quant aux droits ci-devant seigneuriaux casuels, soit tant qu'ils subsisteront, soit lorsqu'on voudra les racheter.

Pour bien entendre ces difficultés, il faut commencer par se remettre sous les yeux, quel étoit précédemment l'effet des baux à rentes foncières, relativement aux droits casuels seigneuriaux.

Ces droits étoient de deux sortes, ceux dus en cas de mutation par vente, ceux dus par les autres mutations.

A l'égard des premiers, suivant le droit commun, comme les droits de vente n'étoient dus que pour les mutations à prix d'argent, le bail à rente pur et simple, ne contenant aucun prix en argent, ne donnoit lieu à aucun droit de vente.

Mais il étoit dû des droits de vente au ci-devant seigneur, 1°. quand le fonds chargé de la rente étoit vendu, eu égard au prix de la vente, lequel n'étoit nécessairement proportionné qu'à la valeur du fonds, déduction faite de la rente ; 2°. quand le propriétaire de la rente la vendoit, parce que cette rente étoit regardée comme une partie du fonds ; et parce que le fonds ne se vendant que déduction faite de la rente, le seigneur n'auroit jamais pu recevoir ses droits sur la valeur entière du fonds, si il ne les avoit pas perçus, tant sur la vente de la rente, que sur la vente du fonds ; 3°. enfin, le seigneur recevoit encore le droit de ventes, lorsque la rente non-rachetable étoit remboursée volontairement, parce qu'alors le premier contrat se résolvoit en une véritable vente, et après ce remboursement, le fonds libéré de la rente restoit soumis aux droits de vente, pour la totalité du prix pour lequel il étoit vendu.

Au surplus, le bail à rente non-rachetable, comme exempt des lods et ventes, si ce n'étoit lors du rachat de la rente, donnoit ouverture au droit de relief, dans les coutumes et sur les biens qui étoient soumis à ce genre de droit casuel.

Quant aux baux à rentes foncières, stipulées rachetables par leur création, il y avoit une différence de jurisprudence entre les pays coutumiers et les pays de droit écrit, et même dans quelques-uns des pays coutumiers.

La coutume de Paris décidoit que le bail à rente rachetable donnoit ouverture, HIC ET NUNC, aux droits de lods ou de quint, sur ce fondement que le contrat étoit, par sa nature, résoluble en une aliénation à prix d'argent. On avoit voulu d'ailleurs, prévenir l'inconvénient des fraudes par lesquelles on pourroit ôter au ci-devant seigneur la connoissance du remboursement de la rente. Cette disposition de la coutume de Paris, étoit devenue le droit commun pour les coutumes muettes. Mais il y avoit plusieurs coutumes qui décidoient expressément que le bail à rente rachetable ne donnoit ouverture aux droits de vente que lors du rachat ; et cette décision avoit été adoptée par presque tous les parlemens du droit écrit. On fondoit cette décision sur ce motif, qu'il n'y avoit que le rachat qui fit dégénérer l'aliénation en vente, et que la rente foncière pouvoit devenir irrachetable par la prescription. De la disposition des coutumes de cette seconde classe, il s'ensuivoit que la rente, retenant sa qualité de foncière jusqu'au rachat, devoit donner ouverture au droit de vente, lorsqu'elle étoit aliénée à prix d'argent. C'est ce qui a été jugé au Parlement de Paris, par un arrêt de 1775.

Enfin, d'après les ordonnances, édits et déclarations de 1343, 1539, 1553 et 1554, qui avoient déclaré rachetables les rentes foncières créées sur les maisons de ville, il s'étoit élevé la question de savoir si les baux à rente des maisons de ville, devoient donner lieu aux droits de vente, HIC ET NUNC, ou si ces droits ne pourroient être exigés que lors du rachat effectif. Quelques auteurs tenoient pour cette dernière opinion. Mais la jurisprudence constante du parlement de

Paris, donnoit aux seigneurs le droit d'exiger HIC ET NUNC le paiement des lods et ventes, soit sur les rentes anciennement créées, soit sur celles qui l'avoient été depuis la promulgation de ces loix.

D'après l'exposé des principes qui avoient lieu jusqu'ici, il est facile de prévoir les difficultés qui pourroient s'élever d'après la loi qui déclare toutes les rentes foncières rachetables.

Elles se réferent à deux points principaux : d'un côté, il sera question de savoir comment et dans quels cas les rentes foncières, ci-devant non-rachetables, pourront donner lieu aux droits seigneuriaux ? D'un autre côté, il sera question de savoir par qui et comment seront faits les rachats des droits éventuels qui pourront être offerts à l'occasion des fonds sujets à des rentes foncières non rachetables, avant que le remboursement en ait pu être effectué.

Dans les pays où le contrat de bail à rente rachetable donnoit ouverture à l'exigibilité des droits, dès le moment du contrat, et où cette décision avoit été étendue, même aux rentes foncières créées non-rachetables, mais qui avoient été rendues telles par la seule autorité de la loi, les seigneurs pourroient se croire autorisés à prétendre qu'ils sont fondés à réclamer le paiement des droits de vente sur tous les fonds qui ont été précédemment aliénés, à la charge d'une rente foncière, au moyen de ce que le décret du 4 août les rend rachetables indistinctement.

Mais nous pensons qu'il seroit injuste de canoniser cette prétention, et que ce seroit même aller contre le principal but du décret.

Le Comité a cru devoir envisager cette question, sous le double rapport des rentes foncières rachetables, et de celles non-rachetables.

A l'égard des rentes rachetables, on peut encore y distinguer celles créées avant le décret, et celles qui ont pu être créées, ou qui pourront l'être depuis le décret.

A l'égard des premières, le comité n'a point hésité à répondre que l'on ne pouvoit rien changer à l'ancien état des choses.

A la vérité, il paroîtroit desirable de saisir cette occasion pour ramener la jurisprudence à une uniformité générale dans tout le royaume, en choisissant entre l'une des deux jurisprudences antérieures.

Mais le comité a considéré que les parties qui ont contracté antérieurement, l'ont fait sous la foi de la loi, ou de l'usage qui les régissoit, et que l'on ne pourroit changer leurs conditions, sans commettre une injustice envers l'une ou l'autre des parties.

Si l'on appliquoit la loi qui rendoit les droits exigibles HIC ET NUNC, aux pays où le paiement de ces droits étoit suspendu, jusqu'au remboursement de la rente; on commettroit une injustice envers les acquéreurs qui ont dû compter qu'ils ne paieroient ces droits, que lorsque l'état de leurs affaires leur permettroit de rembourser la rente.

Si l'on appliquoit la loi qui suspendoit le paiement des droits jusqu'au remboursement de la rente, aux pays où ces droits étoient exigibles HIC ET NUNC, on commettroit une injustice envers les ci-devant seigneurs, à l'égard desquels on détruiroit une des conditions sous lesquelles ils ont aliéné leur domaine. Celui qui a donné à cens une partie de son domaine, y a implicitement attaché la condition de lui payer les droits casuels dans tous les cas et de la manière prescrite par la loi territoriale. On ne peut changer cette loi, sans porter atteinte à la convention synallagmatique qui a lié les deux parties.

Cette dernière considération a fait penser au comité qu'il ne seroit pas plus juste de changer les loix et les jurisprudences antérieures, même à l'égard des rentes rachetables qui seroient créées à l'avenir, parce que l'on ne pourroit étendre ou resserrer le droit du ci-devant seigneur, sans porter atteinte au contrat primitif, au préjudice de l'une ou l'autre des deux parties.

A l'égard des rentes créées irrachetables, ou qui étoient devenues telles avant le décret, il y a bien moins de difficulté.

Les acquéreurs ont traité en cette forme, sous la foi d'une loi existante et juste, qui ne les assujettissoit à aucuns droits de vente, mais seulement au droit de relief, dans les pays et pour les fonds qui étoient sujets à ce droit. Ils ont compté qu'ils ne seroient jamais exposés aux droits de vente, que dans le cas où, avec le consentement du créancier, ils voudroient eux-mêmes consentir au rachat. Si une loi politique les autorise aujourd'hui à faire le remboursement, même sans le consentement du créancier, cette faculté qui leur est accordée, ne peut aggraver leur condition et les assujétir, tant qu'ils ne voudront point user de cette faculté, à un paiement qui pourroit devenir onéreux à un très-grand nombre, et dont l'effet ne seroit que de produire aux ci-devant seigneurs un avantage immense, auquel ils n'ont pas dû s'attendre.

La loi féodale, qui régloit les droits respectifs des ci-devant seigneurs, et de leurs vassaux et censitaires, donnoit à ceux-ci la faculté d'aliéner leurs fonds à rente foncière, sans être assujétis à aucun paiement de droits de ventes. Le droit du seigneur se réduisoit dès-lors à réclamer le droit de vente, lorsque le fonds ou lorsque la rente étoit vendue, ou lorsqu'elle étoit remboursée. Ce dernier cas étoit infiniment rare, parce qu'il falloit le double consentement du débiteur et du créancier. La loi politique, qui force aujourd'hui le consentement du créancier, ne peut tourner au préjudice de ceux en faveur desquels elle est faite, et au bénéfice des seigneurs, en ouvrant en leur faveur une action présente, pour exiger un droit de vente sur tous les baux à rente anciens, action qui pourroit faire entrer dès-à-présent dans leurs mains des sommes immenses, au préjudice des cultivateurs et de l'agriculture.

Le décret du 4 août ne doit donc rien changer à l'ancien droit des parties, soit quant aux rentes foncières anciennes, qui ont été créées irrachetables, soit quant aux rentes créées rachetables avant le décret, ou qui seront créées depuis; c'est-à-dire, que les seigneurs, à l'égard des rentes irrachetables, ne pourront exercer leur droit de vente, que dans le cas où la rente sera remboursée, sauf à eux à exercer ces mêmes droits, dans le cas de la vente du fonds ou de la rente, ainsi que par le passé, tant que les droits casuels n'auront pas été rachetés. Et à l'égard des rentes rachetables, l'on conservera les anciennes loix et usages, sur le point de savoir quand les droits casuels en seront exigibles.

A l'égard des baux à rente de la première espèce, il faut les laisser sous le régime des loix antérieures.

A l'égard des baux à rente de la seconde espèce, il faut prononcer que, nonobstant le décret du 4 août, les droits de vente n'en pourront être exigés que lors du remboursement effectif des rentes, sauf aux ci-devant seigneurs à exiger, comme par le passé, les droits de lods, en cas de vente du fonds ou de la rente, et eu égard au prix desdites ventes.

Art. II. Les dispositions de l'article précédent auront lieu à l'égard des rentes foncières originairement créées rachetables, mais devenues irrachetables par convention ou prescription.

Art. III. A l'égard des rentes foncières rachetables, créées avant le décret du 4 août 1789, et à l'égard desquelles la faculté de rachat n'étoit point éteinte, on suivra les anciens usages établis par les différentes loix, coutumes et statuts qui régissoient les fonds grevés de ces sortes de rentes; et quant à celles créées depuis le 4 août 1789, ou qui pourront l'être par la suite, les *lods et ventes* ne pourront être perçus par les possesseurs des ci-devant fiefs que lors du rachat desdites rentes, non obstant tous usages et coutumes à ce contraires. Ne pourra néanmoins le présent article former attribution de droits dans les pays où le rachat des rentes foncières étoit exempt de lods et ventes.

Art. IV. Il sera libre au propriétaire du fonds grevé de rente foncière, de racheter les droits casuels ci-devant seigneuriaux, soit à raison seulement de la valeur de son fonds, déduction faite de la valeur de la rente, soit à raison de la valeur totale du fonds, sans déduction de la rente.

Voyez la note sur l'article V.

Art. V. Le propriétaire de la rente pourra racheter les droits casuels ci-devant seigneuriaux, à raison de la valeur de la rente seulement, encore que le propriétaire du fonds n'ait point racheté, ou ne veuille point racheter lesdits droits, eu égard à la valeur de son fonds.

Les règles établies dans la note sur l'article premier, n'auront lieu que pour les rentes et les fonds à l'égard desquels il n'y aura point eu de rachat des droits casuels futurs et éventuels; il s'agissoit ensuite de déterminer par qui et comment devoit se faire le rachat des droits casuels.

On a vu, dit le rapport du comité, que les ci-devant seigneurs avoient et conservoient, jusques au rachat de leur directe, deux sortes de droits casuels à exercer relativement aux fonds grevés de rentes foncières, soit lorsqu'elles étoient non-rachetabes, soit même lorsque les rentes étoient rachetables, mais créées sur des fonds régis par les loix qui suspendoient le paiement des lods jusques au remboursement de la rente.

Le bail à rente ne donnoit point lieu à aucun droit de vente, mais seulement à un droit de relief, ou autre semblable, et dans les pays seulement et sur les biens qui étoient assujettis à cette seconde espece de droits.

Quant au droit de vente, il n'avoit lieu que, 1°. dans le cas de la vente du fonds grevé de la rente; 2°. dans le cas de la vente de la rente. Dans le premier cas, la vente du fonds ne se faisant qu'eu égard à sa valeur intrinsèque, déduction faite de la rente, le prix ne représentoit que l'excédent de la valeur du fonds sur le capital de la rente; dans le second cas, le prix étoit borné à la valeur de la rente, abstraction faite de la valeur du fonds. C'étoit dans le double exercice de ces deux droits que le ci-devant seigneur trouvoit le complément de son droit de lods sur la pleine valeur du fonds.

Ainsi, relativement au ci-devant seigneur, il y a deux sortes de rachats à cumuler pour compléter son droit : le rachat du droit casuel sur le fonds, considéré dans sa valeur réelle, déduction faite de la rente dont il est grevé; et le rachat du droit casuel sur la rente, considérée dans sa seule valeur étrangère au fonds.

Relativement aux débiteurs des droits, il y a deux sortes de personnes qni peuvent avoir un intérêt à se libérer du droit casuel, le propriétaire du fonds et le propriétaire de la rente.

On ne peut pas les forcer de se réunir, parce que le rachat, permis par le décret du 4 août, n'est, à l'égard de chacun d'eux, qu'une faculté, que chacun doit avoir la liberté de n'exercer qu'à sa volonté et suivant son intérêt et sa commodité.

Cette division ne peut porter aucun préjudice au ci-devant seigneur, puisqu'il n'exerçoit précédemment ses droits que divisément sur le propriétaire du fonds et sur le propriétaire de la rente.

Chacun des deux débiteurs doit donc avoir la liberté de faire divisément le rachat des droits casuels dont il étoit tenu divisément.

On a objecté, à la vérité, que cette faculté de diviser ne devoit pas avoir lieu en faveur du propriétaire du fonds; on s'est fondé sur ce que la loi générale est que la vente d'un fonds sujet à une rente rachetable, donne ouveture aux droits, tant eu égard au prix de la vente, que eu égard au capital de la rente. Or, a-t-on dit, dès que toutes les rentes sont rendues rachetables par la loi, la vente d'un fonds grevé de rente doit subir la loi générale.

Mais, indépendamment de ce que l'objection ne seroit applicable qu'aux pays où le bail à rente rachetable donne ouverture HIC ET NUNC aux droits casuels, cette objection trouve sa réponse dans les réflexions que nous avons déja proposées.

Les rentes dont il s'agit étoient originairement irrachetables: c'est en faveur du débiteur que la loi a introduit cette faculté. Ce seroit rétorquer contre lui le bénéfice de la loi, que de lui donner un effet rétroactif, en traitant les rentes ci-devant irrachetables comme si elles avoient été rachetables. Cet effet rétroactif gréveroit le débiteur en faveur duquel elle est faite, et ne tourneroit qu'au bénéfice desci-devant seigneurs, et du propriétaire de la rente, qui seroit déchargé du rachat des droits casuels dont il est tenu sur sa rente.

Le propriétaire du fonds doit aussi être autorisé, s'il le juge à propos, à faire le rachat des droits casuels en totalité, tant sur le fonds que sur la rente. Il peut y avoir un intérêt, puisque s'il veut rembourser la rente, la totalité des droits casuels retombe alors sur le fonds, et puisqu'il peut envisager un grand avantage à libérer son fonds, tant de la rente que de tous les droits casuels, pour en pouvoir disposer alors plus librement.

ART. VI. Si le propriétaire du fonds n'a racheté les droits casuels que eu égard à la valeur du fonds, le propriétaire desdits droits casuels pourra les exercer, en cas de mutation ou d'aliénation de la rente, à raison seulement de la valeur de ladite rente ; et réciproquement si le propriétaire de la rente a seul racheté les droits casuels eu égard à la rente, le propriétaire desdits droits casuels pourra les exercer, en cas de mutation ou d'aliénation du fonds, à raison du fonds seulement.

ART. VII. Si le propriétaire du fonds rembourse la rente dont il est grevé avant d'avoir racheté les droits casuels du fonds et de la rente, il demeurera à l'avenir assujetti auxdits droits jusqu'au rachat d'iceux, à raison de la valeur totale du fonds, nonobstant le paiement qu'il aura fait des droits à raison du remboursement de la rente.

ART. VIII. Les dispositions des articles IV, V, VI et VII ci-dessus, n'auront lieu que dans les pays où la vente du fonds ou de la rente donnoit lieu séparément aux droits de vente et autres droits casuels, et non dans les pays où la mutation de la vente ne donnoit lieu à aucun de ces droits qui étoient payés par le possesseur du fonds à raison de la totalité de sa valeur, abstraction faite de la rente.

Art. IX. Si le propriétaire du fonds a racheté les droits casuels, tant à raison du fonds que de la rente, audit cas il demeurera subrogé de plein droit aux droits du ci-devant propriétaire du fief dont le fonds étoit mouvant, tant pour la perception des droits casuels en cas de mutation ou d'aliénation de la rente, que pour la perception du prix du rachat des droits casuels, lorsqu'il sera offert par le propriétaire de la rente.

Dans le cas où le propriétaire du fonds prendra le parti de rembourser la totalité des droits, il s'est élevé une question sur laquelle les avis n'ont pas été unanimes dans le comité, elle étoit de savoir si alors ce propriétaire du fonds doit être subrogé aux droits du seigneur vis-à-vis du propriétaire de la rente.

Les uns ont opiné pour l'affirmative : ils ont prétendu qu'il y avoit ici la même raison d'accorder la subrogation, que celle qui avoit déterminé à l'accorder au co-débiteur d'un cens solidaire qui le rembourse entier, et qui nous a déterminés encore à l'accorder au co-débiteur de la rente foncière solidaire. Il seroit, d'ailleurs, injuste, disoit-on, que le propriétaire de la rente fût déchargé gratuitement des droits casuels dont il est grevé.

D'autres, au contraire, ont opiné pour la négative. Il y a, disoient-ils, une grande différence entre les cas que l'on veut assimiler : le co-débiteur d'un cens ou d'une rente solidaire est grevé d'une dette certaine, dont il ne peut jamais être déchargé qu'en l'éteignant personnellement. C'est forcément que le co-débiteur la rembourse en totalité, et la subrogation est de droit toutes les fois qu'un co-débiteur paie forcément la totalité de la dette.

Ici, au contraire, les droits casuels dont est grevé le propriétaire de la rente, ne forment point sur lui une charge certaine, elle est purement éventuelle. Ce n'est point d'ailleurs une charge solidaire avec le propriétaire du fonds; chacun ne doit que sa dette éventuelle, divisément et éventuellement. Lorsque le propriétaire du fonds juge à propos de rembourser la totalité des droits, il ne paie point la dette d'autrui, il ne fait que racheter le droit de pouvoir rembourser librement la rente, et de disposer de son fonds. C'est sa propre dette qu'il acquitte, puisqu'il supporteroit seul les droits en entier s'il avoit remboursé la rente. Il agit librement pour son propre intérêt; dès-lors la loi ne lui doit point de subrogation.

Telles sont les raisons qui ont balancé les opinions; mais l'avis le plus général a été pour la subrogation, fondé sur cette considération que le propriétaire du fonds pourroit acheter les droits du ci-devant seigneur sur le propriétaire de la rente, et que l'on ne doit point s'arrêter à la subtilité que peut faire naître la simple différence de forme du contrat.

Quant à l'effet que pourra produire la division du rachat lorsqu'elle aura lieu, il est simple. Si c'est le propriétaire du fonds qui a seulement racheté les droits casuels sur le fonds, le ci-devant seigneur continuera de les exercer sur le propriétaire de la rente; et VICE VERSA.

ART. X. Tout propriétaire de fonds grevé de rente foncière, et sujet aux droits casuels au cas de mutation, qui remboursera la rente avant que le rachat des droits casuels en ait été fait, sera tenu de faire enrégistrer (1) la quittance du remboursement, et de le dénoncer au propriétaire du ci-devant fief dont son fonds relevoit dans le mois du remboursement, à peine d'être condamné au double du droit dont il se trouvera débiteur en conséquence dudit remboursement.

[1] L'Assemblée nationale a rendu le 18 décembre 1790, un décret additionel qui porte que toutes quittances de rachat des rentes ci-devant créées irrachetables, ou qui sont devenues telles par la prescription de la faculté du rachat, seront assujetties à l'enrégistrement, et qu'il ne sera payé que 15 sous pour le droit d'enrégistrement, les frais en seront a la charge de celui qui fera le rachat.

TITRE V.

De l'effet de la faculté du Rachat vis-à-vis du propriétaire de la rente et du débiteur.

ART. Ier. La faculté du rachat accordée aux débiteurs des rentes foncières, ne dérogera en rien aux droits, priviléges et actions qui appartenoient ci-devant aux bailleurs de fonds, soit contre les preneurs personnellement, soit sur les fonds baillés à rente; en conséquence, les créanciers bailleurs de fonds, continueront d'exercer les mêmes actions hypothécaires, personnelles ou mixtes qui ont eu lieu jusqu'ici, et avec les mêmes priviléges qui leur étoient accordés par les loix, coutumes, statuts et jurisprudence qui étoient précédemment en vigueur dans les différens lieux et pays du royaume.

De même que la loi qui accorde la faculté du rachat, ne doit rien changer à l'état des propriétaires des fonds ou de la rente, vis-à-vis des ci-devant seigneurs, jusqu'au rachat effectif, de même cette faculté ne doit rien changer à l'état du bailleur et à ses droits primitifs.

La rente, dans la main du bailleur, doit conserver sa qualité primitive d'immobiliere, et comme telle, rester sujette, jusqu'au remboursement, à toutes les loix relatives aux successions, donations, dispositions testamentaires, et aux aliénations.

Le bailleur doit conserver également, soit sur les fonds, soit contre le débiteur, les mêmes droits, priviléges, et actions personnelles, hypothécaires ou mixtes, qui avoient lieu ci-devant, suivant les diverses loix, coutumes et usages du royaume.

Art. II. Néanmoins la disposition particulière de l'article VIII du chapitre XVIII de la coutume de la ville et échevinage de Lille est abrogée, à compter du jour de la publication du présent décret, sauf aux propriétaires des rentes foncières, régies par cette coutume, à exercer pour le paiement des arrérages, les autres actions et priviléges autorisés par le droit commun, et par ladite coutume.

Art. III. La faculté de racheter les rentes foncières ne changera pareillement rien à leur nature immobiliaire, ni quant à la loi qui les régissoit; en conséquence, elles continueront d'être soumises aux mêmes principes, loix et usages que ci-devant, quant à l'ordre des successions, et quant aux dispositions entre vifs et testamentaires, et aux aliénations à titre onéreux.

Art. IV. Les baux à rente, faits sous la condition expresse de pouvoir, par le bailleur, ses héritiers et ayans cause, retirer le fonds, en cas d'aliénation d'icelui par le preneur, ses héritiers et ayans cause, demeureront dans toute leur force, quant à cette faculté de retrait, qui pourra être exercée par le bailleur, tant que la rente n'aura point été remboursée avant la vente du fonds.

Voyez la note sur l'article VI du présent titre.

Art. V. Aucun bailleur de fonds à rente foncière ne pourra exercer le retrait énoncé en l'article ci-dessus, si le bail à rente n'en contient la stipulation expresse, nonobstant toute loi ou usage contraire, et notamment nonobstant l'usage admis en Bretagne, sous le titre de *retrait censuel*, lequel n'étant point seigneurial, est et demeure aboli, à compter du jour de la publication du présent décret.

Voyez la note sur l'article VI du présent titre.

Art. VI. Est et demeure pareillement abolie, à compter du jour de la publication du présent décret, la faculté que les Coutumes de Hainaut, Valenciennes, Cambrai, Arras, Béthune, Amiens, Normandie et autres semblables accordoient ci-devant aux débiteurs de rente foncière irrachetable de la retraire, en cas de la vente d'icelle.

Il est, dit le comité dans son rapport, un droit particulier attaché, en certains cas, au bail à rente, qui pourroit donner lieu à un doute raisonnable, et qui demande une discussion particulière.

Ce droit est la faculté stipulée dans certains contrats en faveur du bailleur, ses héritiers ou ayans cause, de retirer le fonds, dans le cas où il est aliéné par le preneur, ses héritiers et ayans cause.

Il y a même une coutume (celle de Bretagne), ou plutôt une jurisprudence certaine dans cette ci-devant province, par laquelle on accordoit cette même faculté au bailleur, sous le titre de retrait censuel, encore que le bail à rente n'en contînt pas la stipulation expresse.

C'est sans aucun fondement que quelques-uns ont cru trouver dans l'article 10 du décret du 15 mars, et dans le décret du 19 juillet, l'abolition de ce genre de retrait.

Le décret du 15 mars n'a eu en vue que les droits féodaux. L'article 10 ne supprime que le *retrait féodal*, le *retrait censuel*, le droit de *prélation féodale*, de *retenue seigneuriale*; expressions qui ne caractérisent que des droits dérivans de la féodalité.

Il y a plus; le projet de décret ne portoit que le mot de *prélation*. Un membre de l'Assemblée observa qu'il existoit, en Dauphiné, un droit de prélation non féodale, et qui ne dérivoit que de baux à rente foncière. Ce fut sur cette observation que l'on ajouta dans le décret, au mot de *prélation*, ces épithètes, *féodale* ou *censuelle*; et au mot *retenue*, cette épithète, *seigneuriale*: au moyen de quoi la question est restée entière quant au retrait attaché au bail à rente simple.

On ne peut pas davantage faire dériver l'abolition de ce retrait particulier du décret du 19 juillet, qui n'a anéanti que le *retrait lignager* et celui de *mi-denier*.

La question est donc aujourd'hui de savoir si l'on doit conserver, ou non, le retrait attaché aux baux à rente foncière.

A cet égard, nous distinguerons celui qui résulte d'une stipulation expresse, et celui qui ne résulte que d'une loi ou d'une jurisprudence.

La première espèce de retrait est appellée *retrait conventionnel*; il ne doit pas être confondu avec le *réméré*, qui se stipule quelquefois dans des contrats de vente et qui diffère du retrait conventionnel en plusieurs points. La différence la plus essentielle consiste en ce que la faculté de réméré ne peut pas être stipulée à perpétuité, parce qu'elle est contraire à l'essence du contrat de vente, qui emporte une abdication totale des droits du vendeur, et parce qu'elle n'est autorisée que comme une ressource en faveur du vendeur, que la nécessité oblige quelquefois à se détacher d'un héritage qu'il affectionne, et même de le céder à vil prix. Le retrait conventionnel peut être, au contraire, stipulé à toujours, parce que, dans le bail à rente, le bailleur est censé conserver une espèce de propriété sur le fonds, parce qu'il peut mettre à cette aliénation limitée, telle modification qu'il juge à propos; parce que l'exercice de ce droit ne peut naître que d'un cas éventuel, que le bailleur n'est pas maître de faire arriver, à la différence du réméré qui ne dépend que de la volonté du vendeur. Le retrait conventionnel, indivisible du bail à rente, ne peut se prescrire que comme le bail à rente et avec lui, et se proroge avec lui, par le titre nouvel qui conserve toutes les conditions de l'acte.

Avoir défini la nature et le caractère du retrait conventionnel, c'est avoir décidé d'avance la question proposée.

Il n'y a aucune similitude à établir entre les retraits abolis par le décret du 15 mars et par celui du 19 juillet, et le retrait conventionnel. Les premiers ne devoient leur origine qu'à une puissance, qui avoit fait consacrer par la loi des usages établis par l'autorité. Les seconds n'étoient que des graces et des priviléges établis par la loi, mais contraires à la liberté du commerce des fonds.

Ici c'est un droit fondé sur une convention légitime; c'est un droit de propriété réservé comme la rente : c'est la condition *sine quâ non* de l'aliénation. La gène qui en peut résulter pour le commerce est peu considérable, parce que ce retrait ne peut avoir lieu qu'en vertu d'une stipulation expresse, parce que ces stipulations ne sont pas générales dans tous les baux à rente : d'ailleurs si c'est une gène, le propriétaire se l'est imposée à lui-même volontairement, et comme condition sans laquelle il ne seroit pas propriétaire.

Avoir dit que le retrait ne peut avoir lieu en faveur du bailleur à rente qu'autant qu'il est une convention entre lui et le preneur et la condition de l'aliénation, c'est avoir prononcé un grand préjugé contre le retrait censuel de Bretagne. La justice exige cependant d'approfondir un peu plus cette question, qui peut être importante pour les départemens qui sont sortis de cette province.

Il ne faut point se laisser tromper par l'expression de *retrait censuel*, usitée dans le langage breton; ce retrait n'y est point un droit seigneurial : c'est la faculté accordée à tout bailleur de rente foncière de pouvoir retirer l'héritage sujet à la rente, lorsqu'il est vendu. Ce droit ne s'appelle *retrait censuel*, que parce que, dans l'idiome breton, la rente foncière s'appelle *rente censive*. Ce que l'usage breton a de particulier, est que le retrait censuel y est de droit commun, encore qu'il ne soit point stipulé par le bail à rente.

Cet usage est critiqué par les uns, et défendu par les autres. Voici leurs raisons respectives.

Ceux qui attaquent l'usage, opposent qu'il n'est point fondé sur une convention; que c'est un droit exorbitant qui n'est fondé que sur un usage et une jurisprudence, dont la source est évidemment vicieuse.

L'article 306 de la coutume de Bretagne porte : « et au cas « qu'il n'y auroit présme de ramage (c'est-à-dire parent ligna-« ger) qui voulût venir au retrait, *le seigneur féodal, ou* « *celui qui a rente censive*, peut retirer les héritages vendus, « *par puissance de fief, ou de cens* ».

Il est évident, dit-on, à la seule leeture de cet article qne le retrait, dont il parle, n'est qu'un droit seigneurial, un droit exercé *par puissance de fief ou de cens*, c'est-à-dire en vertu du droit seigneurial sur un fief, ou sur un fonds chargé d'un cens seigneurial.

Il est certain en effet, suivant le témoignage des auteurs Bretons (1), qu'anciennement les rentes seigneuriales dues

---

(1) L'Anonyme, sur le chap. 40 de la très-ancienne coutume. Hevin, art. 43, consult. 70, et quest. féodal, p. 117, 118; 119; et sur Frain, p. 384.
Poulain Duparc, tome 2, p. 85.

par des fonds roturiers, s'appelloient, comme dans le reste du royaume, *cens* ou *censive*. Mais comme dans cette province on appelloit aussi *cens* les redevances non seigneuriales, et comme insensiblement l'usage n'a appliqué cette expression qu'aux simples rentes foncières, cette confusion de dénominations a fait étendre au simple cens non seigneurial le privilége du retrait, que la loi ne donnoit qu'au cens seigneurial, en sorte que le retrait des rentes foncières ne s'est évidemment établi, sous le titre même de *retrait censuel*, que par un simple usage, fondé sur une fausse application de la loi territoriale.

Mais ceux qui croient que l'on doit conserver l'usage de ce retrait, répondent qu'il n'est point fondé sur une fausse interprétation: mais sur le texte même de la loi.

Quel qu'ait pu être l'ancien usage de la Bretagne, il est avoué par Hévin lui-même (1), « que dès le temps de d'Ar« gentré, le simple arrentement ayant été confondu avec le « cens, on lui a laissé en propre le nom de *cens*, et l'on a « appliqué le nom de *féage*, à la tenue noble et à la roturière ». Aussi d'Argentré et tous les auteurs bretons n'ont-ils pas hésité à reconnoître que ces termes *rente censive*, soit dans l'ancienne coutume, soit dans la nouvelle, s'appliquoient à la simple rente foncière.

S'il est certain que la loi s'applique au seul contrat d'arrentement, on ne peut pas s'empêcher de reconnoître que le retrait, dont il s'agit, doit être réputé conventionnel. En effet les dispositions des coutumes ne sont en général que la déclaration des usages. L'article 306 n'est donc qu'un témoignage de la condition sous laquelle les arrentemens avoient accoutumé d'être faits. D'ailleurs cet effet ayant été attribué par la loi de 1539 aux arrentemens, il en résulte qu'au moins tous les contrats qui ont été faits postérieurement sont censés faits sous cette condition tacite, les conventions étant toujours présumées faites conformément à la loi et l'usage.

Telles sont les raisons, que l'on peut invoquer pour et contre, sur la question du retrait usité en Bretagne en matière de simple arrentement, et connu sous le titre de *retrait censuel* par suite de l'usage, qui a restreint le terme de *cens* à la simple rente foncière.

---

(1) Consult. 70.

Quant à nous, nous croyons en premier lieu qu'il existe un doute très-fondé sur le point de savoir si la coutume de Bretagne a entendu désigner les simples rentes foncières par cette expression *ou rente censive*. Hévin, dans sa consultation 70, fait à cet égard deux observations qui paroissent sans replique. La première consiste à dire que si l'expression *rente censive* ne s'appliquoit qu'aux arrentemens, la coutume n'auroit accordé le retrait que sur le fief noble, et n'auroit rien décidé sur le féage roturier. Il ajoute que le commentaire de l'anonyme sur la très-ancienne coutume venoit d'être réimprimé en 1538, qu'il étoit entre les mains de tout le monde lors de la première rédaction de la coutume de Bretagne en 1539 : d'où il conclut que les rédacteurs ont dû employer le terme censive, dans le même sens de cet auteur, qui sur ce mot *féage* de l'art. 40 de la très-ancienne coutume avoit dit : *féage et censive est tout un*; *fors que féage est proprement ès fiefs nobles*.

Mais quand il seroit certain que la coutume a voulu comprendre le simple arrentement sous le terme de *rente censive*, il n'en résulteroit jamais que le retrait dût être regardé comme véritablement conventionnel.

Pour se convaincre de cette vérité, il suffit de considérer le motif que d'Argentré et les autres auteurs Bretons ont donné à la décision de leur coutume, ainsi interprétée. Après avoir marqué son étonnement fondé sur ce que la rente purement censive n'emporte aucune obéissance, ni jurisdiction, il se répond : *hic vero videtur dominii directi retentionem operari*. Ainsi, suivant cet auteur, lui-même, le retrait accordé par la coutume n'est qu'une conséquence de l'espèce de propriété que le bailleur à rente foncière a retenue sur le fonds. Mais, 1°. c'est reconnoitre que le retrait n'est pas une stipulation expresse dans ce contrat. 2°. C'est avoir attribué à ce contrat un effet qui n'en est pas la conséquence nécessaire, puisque le droit commun n'a jamais attaché cette conséquence au genre de propriété que le bailleur à rente se réserve. Celui qui aliène son fonds ne s'est réservé que ce qu'il a stipulé. Il ne peut être présumé s'être réservé que ce qu'il a exprimé. L'erreur du principe, sur lequel la loi se seroit fondée, consisteroit à avoir attribué au bail à rente, et comme une conséquence de sa nature un droit, qui n'en résulte pas nécessairement, et qui n'en peut être qu'un accessoire conventionnel.

Il y a donc une différence totale entre le retrait, que l'on suppose accordé par la coutume de Bretagne au bailleur et le véritable retrait conventionnel. Celui-ci est un droit réservé par le propriétaire, l'autre n'est qu'un privilége de la loi. C'est ce que la Bigottière reconnoît bien formellement, lorsqu'il dit que le bailleur a le retrait, *à cause du droit réel qu'il a sur les choses ; mais que, s'il l'avoit réservé dans la baillée à rente, ce seroit un retrait conventionnel.*

S'il est certain que le retrait censuel en Bretagne n'est point conventionnel, qu'il n'est qu'une faveur et un privilége accordé par la coutume, nous pensons qu'il doit être supprimé, avec d'autant plus de raison qu'il est exorbitant, contraire au droit commun, et qu'il n'est fondé sur aucun principe de droit, sauf à réserver cette faculté à ceux qui justifieroient par titres l'avoir stipulée par le titre primitif.

Vainement objecteroit-on qu'au moins le retrait doit être regardé comme conventionnel dans les baux faits depuis que l'usage a interprété ainsi la coutume. Tout ce qui résulte de l'intention des bailleurs, qui ont contracté depuis cette époque, c'est qu'ils ont entendu jouir d'un privilége. Mais la loi peut et doit détruire les priviléges qui sont exorbitans, et les droits qui n'existent que par sa faveur. On le doit ici d'autant plus que le privilége, s'appliquant en Bretagne à tous les baux à rente, devient une gêne considérable pour le commerce des fonds.

A côté du retrait qui est quelquefois accordé au bailleur de fonds, il est nécessaire de placer celui que quelques coutumes (1) accordoient au débiteur de la rente foncière de la retirer lorsqu'elle étoit vendue.

Ce retrait étoit infiniment favorable, lorsque les rentes foncières étoient irrachetables ; c'étoit donner au propriétaire un moyen de libérer son fonds, sans détruire le contrat entre

(1) Hainault, ch. 77, art. 35 ; et ch. 95, art. 11.
Valenciennes, art. 89 et 90.
Cambrai, titre II, art. 6.
Arras, art. 48,
Béthune, art. 14.
Amiens, loc. art. 7 et 8.
Normandie, art. 501.

lui et le bailleur, puisque cette faculté ne s'exerçoit que contre un tiers acquéreur.

Mais ce retrait devient inutile d'après la loi qui permet le rachat de toutes les rentes foncières. Il n'avoit même lieu dans ces coutumes que pour les rentes irrachetables. Il n'y a donc plus aucune raison pour le laisser subsister.

TITRE VI.

De l'effet de la faculté du Rachat vis-à-vis des créanciers du bailleur.

Art. Ier. La faculté du rachat des rentes foncières ne changera rien aux droits que les loix, coutumes et usages donnoient sur icelles aux créanciers hypothécaires ou chirographaires des bailleurs, lesquels continueront à les exercer comme par le passé, sauf les modifications ci-après.

Art. II. Dans les pays où les rentes foncières ont suite par hypothèque, les créanciers hypothécaires qui voudront conserver leur hypothèque sur les rentes foncières, soit en cas d'aliénation, soit en cas de remboursement d'icelles, seront tenus de former leur opposition au greffe des hypothèques du ressort du lieu de la situation des fonds grevés desdites rentes, sans préjudice de l'opposition qu'ils pourront en outre former, entre les mains du débiteur, au remboursement; mais cette dernière opposition ne pourra donner aucun droit de concurrence (1) vis-à-vis des opposans au greffe des hypothèques ; et néanmoins le prix du remboursement sera distribué par ordre d'hypothèque entre les simples opposans, entre les mains du débiteur, après que les opposans au sceau des lettres de ratification auront été payés.

(1) CONCURRENCE. Ainsi celui qui se seroit contenté de former opposition au remboursement entre les mains des débiteurs, sans avoir formé opposition au greffe des hypothèques du ressort, ne seroit payé qu'après les opposans au sceau des lettres de ratification.

Il est donc de l'intérêt du créancier de former les deux oppositions, et principalement l'opposition au greffe des hypothèques.

Cet article correspond à l'article 47 du décret du 3 mai, sur les droits féodaux ; il y a cette différence néanmoins entre ces deux articles, que les créanciers des propriétaires des ci-devant fiefs, ne peuvent, à peine de nullité former d'opposition entre les mains des redevables, ce qui est permis aux créanciers des bailleurs à rente foncière.

ART. III. Dans les pays (1) où l'édit de 1771 n'a point d'exécution, l'opposition à l'effet de conserver l'hypothèque sera faite au greffe du tribunal de district du ressort de la situation du fonds grevés de la rente, et il sera payé au greffier du district le même droit que celui établi par l'édit de 1771.

(1) DANS LES PAYS. Comme dans les anciens ressorts du parlement de Douai, du conseil provincial d'Artois.

Cet article est le même que l'article 49 du décret du 3 mai 1790.

ART. IV. Dans les pays ou les rentes foncières ont suite par hypothèque, les débiteurs de rente foncière n'en pourront effectuer le remboursement qu'après s'être assurés qu'il n'existe aucune opposition enregistrée au greffe des hypothèques, ou au greffe du district dans les lieux où l'édit de 1771 n'est point en vigueur.

Dans le cas où il existeroit une ou plusieurs oppositions, ils s'en feront délivrer un extrait, qu'ils dénonceront au propriétaire sur lequel elle sera formée, sans pouvoir faire aucune procédure, ni se faire autoriser à consigner que trois mois après la dénonciation, dont ils pourront répéter les frais, ainsi que ceux de l'extrait des opposans.

Les intérêts cesseront, à compter du jour de la dénonciation, lorsque la consignation, ou le paiement auront été exécutés huitaine après l'expiration des trois mois.

ART. V. Pourront les parties liquider le remboursement de la rente, et en opérer le paiement en tel lieu qu'elles jugeront à propos. Les paiemens, opérés hors du lieu du domicile des parties, ou du lieu de la situation de l'héritage, et qui auront été faits d'après un certificat qu'il n'existoit point d'opposition, délivré par le greffier qui en aura le droit, seront valables nonobstant les oppositions survenues depuis, pourvu que la quittance ait été enrégistrée dans le mois de la date du certificat ci-dessus énoncé.

FIN

INSTRUCTION

PRATIQUE-FAMILIERE

SUR

La liquidation et le rachat des Droits seigneuriaux et des Rentes foncières, et sur la fixation de l'indemnité des dîmes inféodées.

LA liquidation et le rachat des droits seigneuriaux et autres droits fonciers, nécessiteront des calculs minutieux et des opérations compliquées, dont l'exécution paroîtra difficile à la plupart de ceux qui ne liront que le texte de la loi.

Dans notre ouvrage sur les droits féodaux, nous avons joint à chaque article des décrets que nous avons cru susceptibles d'explication, des notes qui indiquent les motifs de la loi.

Mais nous ne nous sommes pas dissimulé que ces notes partielles, assujetties à l'ordre dans lequel sont placés les décrets, ne pouvoient être d'un secours suffisant, dans les cas où l'exécution de la loi est liée à des combinaisons pratiques qui exigent une connoissance parfaite de l'ensemble des décrets.

La liquidation des droits et autres objets soumis au rachat, doit se faire suivant des règles qui doivent être bien connues des propriétaires et des redevables, et qu'on ne peut rendre plus familières que par des exemples et des formules d'actes.

Ce moyen nous a paru le plus propre à fixer les idées, et le plus capable de suppléer à l'insuffisance d'un commentaire.

Nous diviserons cette instruction en trois parties relatives, 1°. aux droits féodaux, 2°. aux dixmes inféodées, 3°. aux rentes foncières.

DROITS FÉODAUX.

Le décret principal qui traite du rachat des droits feodaux, est celui du 3 mai 1790, sanctionné par lettres-patentes du 9 du même mois.

Les ci-devant seigneurs, vassaux et censitaires ne peuvent se dispenser de bien connoître ce décret ; le censitaire qui veut se racheter, le propriétaire à qui le rachat est offert, sont également intéressés à savoir, l'un ce qu'il doit offrir, l'autre ce qu'il doit recevoir.

Voici les règles indiquées par la loi pour l'un et pour l'autre.

Tout le monde sait que les droits de main-morte, de servitude et de corvées personnelles sont abolis sans indemnité.

La loi a déclaré rachetables tous les droits qui avoient pour cause des concessions de fonds ; on trouve ces droits rappelés dans le décret du 15 mars 1790.

Tout propriétaire peut donc racheter les droits féodaux et censuels dont son fonds est chargé ; il peut aussi ne pas user de cette faculté, et personne n'a droit de l'y contraindre.

S'il possède deux fiefs ou deux héritages dans une même mouvance, il peut racheter les droits de l'un, sans racheter les droits de l'autre, à moins que ces objets ne soient tenus sous des redevances solidaires, auquel cas le rachat ne peut être divisé.

Exemple. Je vous ai concédé par un seul et même contrat, ou vous tenez de moi quatre arpens situés dans ma mouvance, en un ou plusieurs cantons, moyennant un cens de six livres par an, dû solidairement pour les quatre arpens ; vous ne pouvez m'offrir le rachat pour un seul ou deux arpens, vous devez offrir le rachat pour la totalité.

On ne peut offrir le rachat des redevances, sans racheter en même-temps les droits casuels et éventuels.

Exemple. Pierre me doit 12 sols de cens, et à chaque mutation, j'ai droit de lods et ventes ; les 12 sols de cens sont la redevance annuelle, et les lods et ventes sont les droits casuels ; Pierre ne peut racheter l'une, sans racheter les autres.

Si plusieurs propriétaires possèdent un fonds tenu en fief

ou en censive, à la charge d'une redevance annuelle solidaire, l'un ne peut racheter pour sa portion seulement.

Exemple. Pierre, Paul et Antoine me doivent solidairement une redevance féodale ou censuelle de 45 livres, à cause de la possession d'un fonds qu'il possèdent ensemble; Pierre m'offre le rachat, sur le pied de 15 livres, faisant le tiers de 45 livres. Son offre n'est point valable, et j'ai droit de la refuser; je puis aussi l'accepter, car je suis maître de renoncer à mes droits.

Mais Pierre peut m'offrir le rachat de 45 livres, et alors il demeure subrogé à mes droits, contre Paul et Antoine, qui deviendront ses débiteurs chacun de 15 livres de rente foncière, sans solidarité, laquelle portion ils pourront racheter séparément, vis-à-vis de Pierre leur frère.

J'ai droit néanmoins de refuser le remboursement total qui m'est offert par Pierre; mais alors je dois renoncer à la solidarité, vis-à-vis de tous les co-obligés; la raison en est simple, le rachat est permis, celui qui l'offre use du bénéfice de la loi, je ne puis le refuser; mais comme on ne peut m'offrir partiellement ce qui m'est dû solidairement, si je refuse le tout, il est juste que je déroge à la solidarité; car autrement, celui qui doit ne pourroit profiter de la faculté du rachat, ni pour sa portion, ni pour la totalité.

Cependant Pierre, en rachetant la totalité de la redevance de 45 livres, peut ne m'offrir que le rachat des droits casuels pour sa portion seulement, et en cela je n'éprouve aucun préjudice, car avant le rachat, l'un des trois possesseurs pouvoit vendre sa part, et cette vente ne m'eut produit qu'un droit de mutation pour raison seulement de la portion vendue sauf l'action solidaire pour la redevance annuelle, celui qui me rembourse la totalité de cette redevance ne me fait donc pas plus de tort qu'un acquéreur qui achetant un tiers des héritages grevés, pourroit être contraint de payer toute la redevance par la voie de la solidarité, et néanmoins ne devroit qu'un seul droit de lods et ventes.

Tout redevable qui veut racheter les droits seigneuriaux, dont son fonds est grevé, est tenu de rembourser avec le capital du rachat tous les arrérages de rentes fixes et annuelles et les droits casuels qui se trouveront dûs, tant pour les années antérieures que pour l'année courante, au prorata du temps qui se sera écoulé depuis la dernière échéance jusqu'au jour du rachat.

Le seigneur auquel s'adressera le censitaire pour racheter, peut traiter avec lui de gré à gré, et faire ce qu'on appelle *un forfait*, sans suivre aucune règle; par exemple, un censitaire desire se racheter, je lui propose de le tenir quitte pour 600 liv. de tous droits fixes et casuels; il accepte, et nous consommons le rachat, cette convention est inattaquable sous aucun prétexte de lesion quelconque; c'est-à-dire que, ce que je lui ai remis pour 600 livres, valut-il le double de plus ou de moins, ni lui ni moi ne pouvons revenir contre le traité.

Mais pour traiter ainsi de gré à gré, et sans autre formalité il faut être propriétaire absolu, majeur et jouissant de ses droits, ceux qui ne sont qu'administrateurs de la chose d'autrui comme les tuteurs, ou curateurs des mineurs, ou interdits, les grevés de substitution, les maris dans les pays ou les dots sont inaliénables même avec le consentement des femmes, les administrateurs des biens nationaux &c. sont astreints à des formes indiquées par la loi.

Ils peuvent bien consommer à l'amiable les liquidations des rachats qui leur sont offerts, mais il faut que ces liquidations soient faites par chapitres séparés des droits fixes et annuels et des droits casuels, et contiennent mention de la conformité des évaluations avec le mode et le taux prescrits par le décret du 3 mai. Ceci s'entendra mieux par un exemple.

Pierre est tuteur de ses enfans mineurs, un censitaire veut racheter des droits dépendans de biens appartenans à ces mineurs, comme héritiers de leur mère, ou à autre titre; il propose de recevoir le rachat à l'amiable, l'acte de liquidation peut se rédiger ainsi :

« Nous..... tuteur de...... et..... desirant procéder à l'amiable à la liquidation des droits fixes et casuels dus par ledit..... à..... pour raison de douze arpens de terres et prés situés à..... et dont ledit.... offre le rachat, avons procédé à ladite liquidation. en la forme indiquée par les décrets de l'Assemblée nationale, sanctionnés par le roi. des 3 mai et 14 novembre 1790, ainsi qu'il suit.

Chapitre 1er. Etat des Droits fixes et annuels dus par le sieur..... à....

Le sieur... doit par chaque année, à..... la somme de 37 l. 10 s. 6 d. en argent, cinq boisseaux de seigle, deux d'avoine, quatre chapons et deux agneaux ; plus 2 journées d'hommes et une de cheval.

Savoir, 1°. 6 liv. 5 s. pour droit de cens à cause de deux arpens de terre situés à. . . canton de. . . . tenans d'une part à...... et d'autre à. . . .

2°. 11 liv. 3 s. 5 d. pour cinq arpens de prés situés à. . . .

3°. Deux journées d'hommes et une de cheval, comme détenteur d'une petite maison sise rue. . . . . et occupée par ledit. . . .

(On détaille ainsi, par *articles séparés*, chaque redevance annuelle, sa quotité et sa nature.)

Toutes lesquelles redevances, ledit sieur.... a offert de racheter, savoir, celles en argent et les corvées, sur le pied du denier 20; et celles engrain, volaille, et agneaux, sur le pied du denier 25, aux termes de l'article 21 du décret du 3 mai 1790.

Ce qui, pour les redevances en argent, forme la somme de 750 liv. 10 s. capital au denier 20 de celle de. . .

Pour les deux journées d'hommes, 80 livres, capital au denier 20 de la somme de 4 livres, à laquelle sont évaluées lesdites deux journées à raison de 40 sous par jour, prix commun de ce pays.

Pour la journée de cheval, 60 liv. capital au denier 20 de la somme de 3 liv. à laquelle est évaluée ladite journée, prix commun de ce pays.

Pour les cinq boisseaux de seigle, 125 liv. capital au denier 25 de la somme de 5 livres, à laquelle sont évalués lesdits cinq boisseaux, à raison de 20 sous le boisseau, prix commun du pays.

Plus, &c.

Toutes lesquelles sommes forment celle totale de. . . . . . à laquelle ont été liquidés tous les droits fixes et annuels, tant en argent qu'en nature dus par ledit sieur. . . . à. . .

CHAPITRE II.

Droits casuels.

Le sieur. . . . a droit de lods et ventes, à raison du douzième du prix de l'acquisition lors des ventes qui se font des héritages sus désignés.

Plus, outre ledit droit, il est dû audit. . . . à toutes les mutations en successions collatérales, un droit de 54 livres.

Lesquels droits sont soumis à une liquidation différente par le décret du 3 mai.

A l'égard des droits de lods et ventes pour les mutations par ventes, ledit sieur a représenté cinq contrats passés depuis dix années antérieures à ce jour, (Voyez l'art. 37 du décret du 3 mai) le premier desquels contient vente par. . . . audit. . , . . . des deux arpens de terre situés à. . . . moyennant douze cens livres qui, à raison du douxième, donnent cent livres pour le droit de lods et ventes.

Le deuxième contrat, est un acte de. . . . moyennant, &c.

(On répète ainsi l'énonciation du contenu en chaque acte, et la quotité du droit auquel l'acquisition a donné lieu.)

D'après lesquelles évaluations le rachat desdits droits de lods et ventes, pour les mutations par ventes, doit être fait, savoir, pour les deux arpens compris au contrat de vente du. . . . sur le pied de la moitié du montant dudit droit, laquelle moitié est de 50 liv. ci. . . . . 50 liv.

Pour les cinq arpens de prés, &c.

Total des sommes à payer pour le rachat des droits de lods et ventes. . . . . , . , ... , ...

Quant au droit dû pour les mutations en successions collatérale, outre le susdit droit de lods et ventes, il doit être payé pour le rachat les cinq dix-huitièmes dudit droit aux termes de l'article 29 du décret du 3 mai, ce qui donne pour les cinq dix-huitièmes du droit de 54 liv. dues pour raison de la maison, la somme de . . . . , ...15 liv.

Pour le rachat d'un droit semblable dû à cause de ci.

Total des sommes à payer pour le rachat du droit de mutation autre que celui de lods et ventes. . . . . .

(On fait la même opération par rapport aux redevances en agneaux et corvées réelles, lorsqu'elles emportent lods et ventes et autres droits aux mutations.)

RECAPITULATION.

Pour le rachat des redevances en argent. . . . . . .
Pour le rachat des redevances en grain. . . . .
Pour le rachat des corvées. . . . .
Pour, &c. . . . .
Pour le rachat de tous les droits casuels. . . . . . .

TOTAL. . . . .

A laquelle somme ont été liquidés entre nous, tous les droits fixes et casuels dus par ledit sieur.., à. . . pour raison des héritages ci-dessus mentionnés; et au moyen du paiement, (ou consignation) de ladite somme, ledit sieur... et ses dits héritages demeurent irrévocablement et pour toujours francs et quittes de tous droits et charges quelconques, envers ledit sieur... ses successeurs ou ayans cause ».

Si l'acte est passé devant notaires, il se rédige en la forme ordinaire.

La liquidation ainsi terminée entre le tuteur et le censitaire, il y a pour l'un et pour l'autre des précautions à prendre relativement au paiement.

Le censitaire ne doit pas payer le montant de la liquidation directement au tuteur, parce que celui-ci est assujetti, comme tout autre administrateur de personnes, au remploi; la loi permet dans ce cas, au redevable qui *ne voudra pas demeurer garant du remploi*, de consigner le prix du rachat.

Le tuteur ou l'administrateur qui veut se mettre à l'abri de toutes recherches personnelles de la part de ceux soumis à son administration, communique la liquidation aux parens assemblés.

Ceux-ci, s'ils croient les évaluations trop foibles, peuvent arrêter qu'il sera fait une estimation par experts; le tuteur fait faire cette opération, dont les frais lui seront alloués dans son compte:

Si les parens approuvent la liquidation, on dresse un avis en conséquence, qui, en même temps, détermine l'emploi qui sera fait du prix du rachat au profit des mineurs.

Ensuite le tuteur présente sa requête au juge, tendante à ce qu'il lui plaise, vu l'acte de liquidation, l'avis de parens, &c. autoriser le tuteur à toucher le montant du prix du rachat, aux offres d'en faire le remploi indiqué par l'avis de parens, et d'en justifier au commissaire du roi, ainsi qu'il est ordonné par l'article 7 du décret du 3 mai.

Le juge ordonne qne la requête sera communiquée au commissaire du Roi, lequel, s'il trouve l'opération régulière, conforme à la loi, et non préjudiciable aux intérets des mineurs, donne des conclusions pour l'admission de la requête, à la charge de justifier de l'emploi.

Sur ces conclusions, intervient une ordonnance qui autorise le tuteur à toucher, à la charge de faire le remploi et d'en justifier.

Les administrateurs des biens nationaux qui sont autorisés à liquider le rachat des droits dépendans des biens nationaux, peuvent aussi procéder à l'amiable auxdites liquidations, mais à la charge de les faire en la forme et avec les détails ci-dessus mentionnés, et de les faire vérifier et approuver par les directoires des assemblées administratives.

Ces assemblées, avant d'accorder leur *visa*, ou approbation, aux actes de liquidation qui leur seront présentés, si les évaluations ne leur paroissent point exactes, et qu'elles ne puissent autrement apprécier l'opération, pourront exiger une estimation préalable par experts, soit de la totalité, soit d'une partie des objets à liquider; et les frais de cette estimation seront alloués en compte aux administrateurs.

Il faut observer que, par un décret du 14 novembre 1790, l'Assemblée nationale a décrété que ceux qui possédoient des fonds sous l'ancien régime féodal ou censuel dans la mouvance des biens nationaux, ci-devant fiefs, pourroient être admis à racheter divisément, soit les droits casuels, soit les cens et redevances annuelles et fixes.

Exemple. Je devois dix sols de cens au possesseur de tel fief domanial ou ecclésiastique, aujourd'hui bien national, lequel cens emportoit lods et vente.

Dans la thèse générale, je ne pourrois, aux termes du décret du 3 mai, racheter la redevance annuelle, sans racheter en même-temps le droit de lods et ventes; mais en vertu du décret du 14 Novembre, sanctionné le 19, je puis offrir divisément le rachat de l'un ou de l'autre de ces droits.

Je conserve la même faculté, même vis-à-vis de ceux qui auroient acheté de la nation la redevance active de 10 sols, et le droit de lods et vente en question ; je devrai, comme de raison, continuer de payer la redevance, si je n'ai racheté que le droit casuel ; et le droit de lods et vente sera dû, dans le cas accoutumé, si je n'ai racheté que la redevance.

Le rachat des droits fixes et casuels, dépendans tant des biens déclarés nationaux, que de ceux qui appartiennent aux fabriques, séminaires, colléges, etc. ne peut être fait que par les assemblées administratives du district dans l'arrondissement duquel se trouve situé le fief dont dépendent les droits à racheter, sous l'inspection et l'autorisation des assemblées du département, ou de leurs directoires.

Le paiement du prix du rachat ne peut être fait qu'à la caisse du district, et le directoire du district est tenu de le faire verser dens la caisse de l'extraordinaire.

A l'égard des rentes et droits dépendans des fiefs connus sous le nom de domaines de la couronne, ou des fiefs qui appartenoient aux apanagistes, aux engagistes et aux échangistes. dont les échanges ne sont point encore consommés, la liquidation en sera faite, jusqu'à ce qu'il en soit autrement ordonné, par les administrateurs de la régie actuelle des domaines, a la charge par eux, 1°. de se conformer aux taux prescrits par le décret du 3 mai ; 2°. que les liquidations seront vérifiées et approuvées par les administrateurs des districts et départemens dans l'arrondissement desquels se trouvera situé le fief dont dépendront les rentes et les droits, 3°. de compter par les administrateurs de la régie, du prix desdits rachats, et de le verser, au fur et à mesure, dans la caisse du district dudit arrondissement, qui le reversera dans la caisse de l'extraordinaire.

Quant aux rentes et droits dépendans des ci-devant fiefs appartenans aux commanderies, dignités et grand prieurés de l'ordre de Malthe, les rachats, jusqu'à nouvel ordre, seront liquidés par les titulaires actuels, aux trois conditions imposées aux administrateurs de la régie des domaines.

Lee administrateurs des établissemens français, et les évêques et curés français qui possèdent des fiefs situés en pays étrangers, ne pourront recevoir aucun remboursement des rentes et droits dépendans desdits fiefs, quand même il leur seroit offert volontairement, à peine de restitution du quadruple, en cas de contravention.

Les liquidations de cette espèce se feront par les assemblées de district, sous l'inspection de celles de départemens; et le prix en sera versé dans la caisse de l'extraordinaire.

La liquidation des droits d'un fief appartenant à une communauté d'habitans, sera faite par les officiers municipaux, sous l'autorité et avec l'avis des assemblées administratives de départemens ou de leur directoire, qui sont tenus de veiller au remploi.

Quant aux droits dont les biens ci-devant ecclésiastiques et domaniaux, aujourd'hui biens nationaux, étoient grevés envers des seigneurs particuliers de qui ils relevoient, ils seront rachetés en la forme suivante.

D'abord les seigneurs ne pourront inquiéter les acquéreurs; la nation s'est chargée du rachat des droits dépendans des biens nationaux.

En second lieu, les seigneurs ne pourront rien prétendre, à titre de droit de mutation, à cause des ventes qui seront faites des biens nationaux.

Cependant le prix de ces ventes réglera la fixation du droit de mutation, qui, du reste, sera toujours liquidé, d'après les règles établies par le décret du 3 Mai 1790.

Le ci-devant seigneur à qui il sera dû un rachat par la nation, n'aura d'autre voie à prendre que celle de remettre au secrétariat du district où auront été vendus les biens tenus de lui en fief ou en censive, tous les titres et pièces justificatives qui établissent son droit; il y joindra un Mémoire, dans lequel il expliquera sa prétention. (Voyez ci-après, article dixmes inféodées.)

Le directoire du district examinera son Mémoire et ses titres, vérifiera si le droit réclamé est bien établi, le liquidera, d'après les règles indiquées sur le pied de l'adjudication, donnera son avis, enverra le tout au directoire du département, qui, après nouvelle vérification prendra un arrêté sur la liquidation, et le rachat du droit réclamé, et fera passer les titres, pièces, mémoires et avis, à la direction générale de liquidation établie à Paris, par le décret du 16 décembre 1790.

Là se fera la liquidation définitive, en vertu de laquelle le propriétaire du droit recevra le montant de ce qui lui sera dû, sur les fonds destinés à cet emploi.

Lorsque les parties qui ont la faculté de traiter de gré à gré, ne peuvent point s'accorder sur le prix du rachat des droits seigneuriaux fixes ou casuels, elles peuvent respectivement nommer des experts, qui feront les évaluations.

Mais le plus souvent les redevables seront obligés de faire des offres aux propriétaires des droits. Nous allons tracer la marche à suivre par les uns et par les autres.

Le redevable qui veut se racheter, ne doit pas considérer la remise qui, lors des mutations, lui étoit ordinairement faite par les seigneurs : cette remise étoit une grace. Il doit donc offrir tout ce que la loi ordonne de rembourser au seigneur.

Sa première attention est de distinguer les droits supprimés sans indemnité, et ceux qui sont simplement déclarés rachetables.

Les premiers sont abolis d'une manière absolue ; il n'est obligé ni à en continuer le service, ni à les racheter : cependant, s'il y avoit des arrérages de ces mêmes droits, échus antérieurement à la publication des lettres-patentes ou 3 Novembre 1789, le redevable seroit obligé de les payer.

Si quelques-uns de ces droits abolis sans indemnité, avoient été contestés, et qu'ils fissent la matière d'un procès commencé et non jugé par jugement en dernier ressort, avant l'époque de la publication des susdites lettres-patentes, le procès ne pourroit plus être suivi ni jugé pour le *fond du droit*, *mais pour les frais et pour les arrérages*, ce qui nécessairement entraîneroit la discussion du fond; car il faudroit toujours examiner si le droit étoit dû ou non, pour condamner l'une ou l'autre des parties aux dépens du procès et au paiement des arrérages, si le redevable étoit jugé avoir soutenu une mauvaise contestation.

Le particulier qui, bien instruit des droits qu'il ne doit plus, et de ceux dont il reste débiteur, desire se racheter, doit ensuite s'attacher à connoître le taux auquel se doit faire le rachat, tant des droits fixes que des droits casuels.

On le suppose débiteur, 1°. d'un cens en argent sur la maison qu'il possède, 2°. de 2 sols de rente seigneuriale par arpent, sur dix arpens situés dans tel canton, 3°. d'une redevance annuelle, pour droit appellé de bourgeoisie, dû à cause d'un bois, et provenant de la conversion du droit de main-morte dont ce bois, ainsi que tous les fonds du même canton, étoient autrefois affectés, au profit du seigneur, qui en avoit affranchi les détenteurs desdits fonds, moyennant une redevance annuelle emportant lods et ventes, 4°. d'un droit de terrage à la douzième gerbe, sur deux arpens situé en tel canton; 5°. de plusieurs journées d'hommes et de cheval, à titre de corvée réelle.

Ces droits fonciers emportent lods et ventes à chaque mutation.

La loi fixe, comme on l'a dit ci-dessus, le taux du rachat au denier 20, pour les redevances en argent et corvées, et pour le produit des bannalités, et au denier 25, pour les redevances en grains, volailles, denrées et fruits de récolte.

Il est facile de liquider le rachat des redevances en argent; 20 sols de cens donnent un capital de 20 livres, 6 livres donnent un capital de 120 livres, etc.

Quant aux redevances en grains, voici comme s'en fait l'évaluation,

Ordinairement on tenoit au greffe dans les lieux de marché un registre où s'inscrivoit chaque semaine, quelquefois plus souvent, suivant la fréquence des marchés, le prix commun des grains vendus.

Le redevable se fait délivrer un extrait de ce registre, ou, s'il n'y a pas de marché dans le lieu, du registre du marché le plus voisin.

Cet extrait contient le relevé du prix des grains de chaque année, pendant quatorze années. Par exemple, je veux me racheter au premier Janvier 1792, je demanderai un relevé depuis Janvier 1779; je trouve qu'en 1784 et 1786, le grain valoit 40 sols le boisseau, et qu'en 1781 et 1788, il ne valoit que 20 sols; ces deux prix sont les plus forts et les plus foibles ; je retranche les quatre années, il en reste dix, pendant lesquelles je trouve que le boisseau a varié de 25 à 35 sols, ce qui donne un prix commun de 30 sols. Si je devois quatre boisseaux par an, je les évalue à 6 livres, et je forme un capital au denier 25, de 150 livres.

Les redevances en volailles, agneaux, cochons, beurre, fromage, cire et autres denrées, s'évaluent aussi sur ce pied et en la même forme, dans les lieux où leur prix est porté sur les registres des marchés.

Mais dans la plupart des provinces, on ne tenoit point de ces sortes de registres..

Dans ce cas, on doit trouver au secrétariat du directoire du district, un tableau estimatif, qui annonce le prix commun auquel ont coutume d'être évaluées ces sortes de denrées, pour le paiement des redevances foncières.

Le directoire a du placer ce tableau dans un lieu apparent, et de manière qu'on puisse à chaque instant en prendre facilement communication : voici le modèle de ce tableau, tel que nous le concevons.

Tableau estimatif du prix commun auquel sont ordinairement évalués dans l'étendue du district de.... pour le paiement des redevances foncieres, les volailles, agneaux, brebis, cochons, beurre, fromage, &c.

Poulets.	20 sols. la paire.
Agneaux.	2 liv. la pièce.
Beurre.	12 sous la livre.
&c.	

Fait et arrêté en l'assemblée du directoire du district de...

Le directoire s'attachera principalement à désigner les espèces de redevances les plus usitées dans le pays ; il est tel département, où les rentes seigneuriales et foncières se payoient ordinairement en chapons ; ailleurs c'étoit en poulets, &c.

On doit aussi observer que le prix commun qu'il s'agit de fixer par le tableau estimatif, n'est pas le prix du marché, mais le prix commun auquel ont coutume d'être évaluées les denrées pour le paiement des redevances foncières.

On sait assez communément le prix auquel s'évalue une paire de chapons, que le censitaire paie en argent au propriétaire ; ce n'est pas ordinairement le plus fort ni le plus foible prix qui sert de règle dans ces évaluations.

Ce tableau doit, pendant dix ans, servir de taux pour l'estimation du produit annuel des redevances dues en nature dans le ressort de chaque district.

Il y a pourtant une exception bien essentielle à remarquer ; le tableau ne sera consulté par le redevable, que dans le cas où la coutume, des réglemens, ou le titre même du censitaire ne contiendroient pas l'évaluation.

S'il est dit dans le bail à cens que le censitaire devra un agneau ou la somme de trente sols pour sa valeur, c'est cette évaluation seule qui doit servir de règle.

Le redevable qui n'a point d'autre moyen d'évaluation, va donc consulter le tableau estimatif, s'il doit deux chapons estimés 3 livres. Le rachat sera fait au denier 25, moyennant 75 livres.

Il en est de même des corvées réelles, les directoires du district doivent faire un tableau estimatif du prix ordinaire auquel les journées d'hommes, de chevaux, bêtes de travail et de somme, ont accoutumé d'être estimées, non pour les travaux ordinaires, mais *pour les corvées*. Ce tableau servira pendant *dix ans* de taux pour l'estimation du produit annuel des corvées réelles, dans les cas où l'évaluation ne seroit pas faite par les titres, la coutume ou les réglemens.

Celui qui veut se racheter d'un droit de corvée réelle, doit consulter ce tableau et faire l'évaluation en conséquence.

Le droit de terrage, champart, ou toute autre redevance, consistante en une certaine portion de fruits récoltés sur les fonds, s'évalue par experts, quand les parties ne sont pas d'accord.

Mais le redevable qui veut racheter un droit de terrage, ne doit pas lui-même provoquer une estimation d'experts, car il ignore si le propriétaire contestera ou non ; il doit donc commencer par faire des offres, en évaluant lui-même, et d'après ses connoissances personnelles, le droit de terrage ; il aura soin d'ajouter à ses offres ces mots : *sauf à parfaire*.

Si le propriétaire accepte les offres, il n'y aura pas lieu à estimation ; s'il les refuse, dans ce cas où les parties conviennent de gré à gré de s'en rapporter à des experts que chacune d'elles nomment, ou le propriétaire ne veut pas traiter à l'amiable, et alors le redevable provoque en justice la nomination des experts.

Ceux-ci, après serment prêté en la forme ordinaire, estiment ce que le fonds peut produire en nature, année commune, et c'est sur ce produit que se fixe la quotité annuelle du droit.

Le procès-verbal d'évaluation peut, à notre avis, être ainsi rédigé (1) :

L'an. . . . nous Pierre. . . . demeurant à. . . . et Jacques. . . . tous deux nommés experts, savoir, moi Pierre, par Antoine... et moi Jacques, nommé d'office par jugement du tribunal du district de. . . . pour Paul, à l'effet de procéder à l'évaluation de ce que peut produire, année commune, une pièce de terre, située au terroir de. . . canton. . . de tenant d'une part, à. . . . et appartenante audit Antoine, sur laquelle pièce de terre ledit Paul a droit de percevoir le terrage, à la douzième gerbe de tous grains excrus sur icelle. pour, sur ladite évaluation être la quotité annuelle dudit droit, dont ledit Antoine offre le rachat, fixée dans la proportion du produit de l'année commune du fonds.

. . . . Avons procédé ainsi qu'il suit à ladite évaluation.

En premier lieu, ledit Antoine nous a remis l'expédition du contrat d'acquisition par lui faite de ladite pièce de terre, le. . . . dans lequel elle est énoncée comme contenant deux arpens, mesure de.... plus, une expédition de la déclaration par lui faite au terrier de la seigneurie de... et acceptée par le sieur. . . . au nom et comme seigneur dudit lieu, dans laquelle la même pièce de terre est désignée sous les même tenans et aboutissans, d'où il résulte que la contenance de deux arpens, qui d'ailleurs n'est contestée par aucune des parties, est véritablement celle de la susdite pièce de terre, ce qui nous a dispensé d'une plus ample vérification; en second lieu, nous observons, que ladite pièce de terre est située dans un can-

(1) On suivra pour la forme de rédaction, et le dépôt du rapport, les usages ou réglemens reçus dans le lieu de l'expertise.

ton où les terres sont reconnues être de la plus grande valeur et du meilleur rapport ; que lesdites terres s'ensemencent pendant deux années de suite, l'une en froment, l'autre en avoine, ou autres grains, et restent en jachère pendant la troisième ; qu'il est d'usage immémorial dans ledit canton de ne payer aucune dixme (1), en sorte que le droit de terrage étoit la seule redevance qui se percevoit sur les fruits de récolte, ce que nous certifions d'après nos connoissances personnelles, et la notoriété publique, et ce qui nous a été confirmé par les plus anciens et principaux habitans du pays que nous avons consulté à cet effet.

Il est également constant, et nous nous sommes assurés, par le témoignage des mêmes habitans, et notamment celui des propriétaires des terres situées dans le même canton, des gardes messiers et particuliers chargés depuis long-temps de lever la dixme sur ledit territoire; que chaque arpent des terres situées dans le susdit canton de. . . rapporte depuis 100 jusqu'à 150 gerbes de froment, et depuis 120 jusqu'à 180 gerbes d'avoine, ce qui donne une année commune de 125 gerbes de froment, et de 150 gerbes d'avoine; partant, le droit de terrage se percevant sur tous grains à la douzième gerbe pleine, (il y a des pays où le droit se perçoit, même sur les nombres rompus, alors on prend une gerbe. quand même la douzaine ne seroit point complette), le produit, année commune dudit droit, par chaque année étoit de 10 gerbes de froment, et de 12 gerbes d'avoine, qui rendent, année commune, savoir, un boisseau pour 5 gerbes de froment, et un boisseau pour 4 gerbes d'avoine : total, 2 boisseaux de froment, et 3 boisseaux d'avoine, qui forment la quotité annuelle du droit de terrage en nature, par arpent, pour, chaque récolte en froment ou en avoine, outre la paille, que nous évaluons à la somme de. . . et pour parvenir à la fixation de la quotité dudit droit en argent, et à l'effet d'évaluer le montant du rachat, nous, vérification faite sur le relevé des registres du marché de... du prix du froment, de l'avoine, pendant les 14 années antérieures à ce jour, avons reconnu que dans les années 178. . . et 178. . . le prix desdits grains

(1) La dixme se percevoit avant le terrage, sa suppression augmente la valeur de ce droit, qui sera évalué en conséquence.

avoit été, savoir, pour le froment de... liv. le boisseau, et l'avoine de... sols le boisseau, et dans les années 177.... et 178... de... liv. le boisseau pour le froment, et de... liv. le boisseau pour l'avoine, lesquelles sommes forment le prix le plus fort et le plus foible desdits grains, pendant lesdites quatorze années, retranchant aux termes de la loi les quatre années les plus fortes et les plus foibles; nous avons trouvé que pendant les dix autres années le prix commun du froment avoit été de... liv. le boisseau, et celui de l'avoine de... liv. le boisseau, ce qui, avec le produit de la paille, évaluée à... donne un produit annuel sur les deux arpens, de la somme de... pour les récoltes en froment, et de la somme de... pour les récoltes en avoine; lesquelles deux sommes réparties en trois années, attendu l'année de jachère, donnent, par chaque année, celle de..... sur laquelle il convient encore de déduire (on ne déduit pas les impositions) les frais de perception (1) que nous avons estimés à... par conséquent le produit net du droit annuel de terrage, est de....

Desquelles évaluations et estimations nous avons fait et rédigé le présent procès-verbal, que nous offrons d'affirmer par-devant qui il appartiendra. Fait à... le... signé....

Plusieurs personnes nous ont demandé si les experts devoient se borner à évaluer le produit du champ sur lequel se perçoit le droit, et dont le rachat est offert.

A la rigueur, les experts, d'après la lettre même de la loi, n'ont que cette évaluation à faire, ainsi que l'estimation des pailles et frais de perception.

La liquidation du droit peut ensuite se faire sur l'évaluation des experts, et sans leur ministère, car les règles de la liquidation sont marquées par la loi, cependant des experts intelligens peuvent aller plus loin, et il n'y auroit pas d'irrégularité, dès qu'ils auroient opéré d'après les principes.

Le montant du droit ainsi connu, le redevable offre le rachat sur le pied du denier 25 dudit droit.

Voyez pour les frais de l'expertise l'article 6 du décret du 3 mai.

---

(1) Ces frais comprennent aussi le battage du grain. Ils sont moindres, si le terrage étoit portable.

Jusques-là il n'a été question que des droits fixes et annuels; mais, comme vis-à-vis des particuliers on ne peut racheter ces droits sans racheter en même temps les droits casuels, il faut que le redevable sache également le taux du rachat de ces droits.

Ce taux est indiqué par le décret du 3 mai 1790, art. 25, jusqu'à l'art. 33.

C'est dans la loi même que chacun doit lire la règle de sa conduite: le censitaire et le vassal savent bien quels sont les droits de mutations auxquels sont sujets leurs héritages ou fiefs, le censitaire a, en sa possession, son bail à cens, ou ses déclarations au terrier; le vassal a ses aveux et dénombremens; l'un et l'autre consultent leurs titres et voient si le droit de mutation est dû seulement pour vente, ou acte équipollent à vente, ou s'il est du un droit de relief, ou autre, sous quelque dénomination que ce soit lors des mutations par succession, donation, legs, &c. ou enfin si pareils droits sont dus à chaque mutation de propriétaire ou de débiteur.

Ils savent quelle est la quotité de ces droits casuels, s'ils sont du douzième, du huitième, du neuvième du prix de la vente, si le droit de pour les mutations autres que celles par vente est, ou d'une année de revenu, ou d'une somme déterminée, &c.

Il ne s'agit donc pour déterminer le montant de l'offre que de vérifier dans les articles du décret, à quelle classe appartient le droit qu'on veut racheter.

On suppose un cas, ou le droit de mutation pour celles qui ont lieu par vente est du cinquième du prix de la vente, et d'une année du revenu pour les mutations en succession collatérale.

Voilà deux droits à racheter, leur rachat est soumis à des règles différentes.

Le droit de quint pour les mutations par vente sera racheté moyennant les cinq treizièmes dudit droit.

Ici se fait une opération arithmétique bien simple, on prend le treizième de la somme et on multiplie ce treizième par cinq, ainsi 500 livres divisées par 13, donnent, 13 fois 38 livres 9 sous 3 deniers en prenant le fort denier ; le treizième de 500 livres est donc de 38 livres 9 sous 3 deniers; or 5 fois 38 livres 9 sous 3 deniers, donnent 192 livres 6 sous 3 deniers qui forment le montant du rachat

Il en est de même pour les cinq quinzièmes, les cinq onzièmes, les cinq seizièmes, divisez le droit par quinzième par onzième, par seizième, et multipliez par 5 le montant du quinzième, du onzième, du seizième, vous avez la quotité de la somme à offrir.

Le rachat de l'autre droit appartient à la seconde classe suivant la division faite par les décrets, il sera rachetable moyennant les *cinq dix-huitièmes* du droit.

C'est ici le même calcul que pour le droit de vente, on divise le droit en dix-huitièmes, et on multiplie le dix-huitième par 5....

Ces regles bien entendues, il faut maintenant connoitre le montant du droit auquel on droit appliquer ces calculs.

La loi veut, que l'évaluation du droit pour les mutations par vente, se fasse sur le prix de l'acquisition, si le rachat est offert par un nouvel acquéreur, sinon sur le prix de la dernière des ventes, qui aura été faites du fonds dans le cours des *dix années antérieures*.

Ainsi, ou c'est un nouvel acquéreur qui offre le rachat, ou c'est le propriétaire du fonds, qui veut le racheter.

Au premier cas, le prix du contrat fait la règle, s'il est de 1200 livres et que le droit se perçoive au douzième, le montant du rachat sera de 100 livres.

Au second cas, le redevable calculera sur le pied de la dernière vente, faite dans le cours des dix années antérieures.

S'il n'existoit point de vente du fonds, faite dans les dix années précédentes, le redevable s'il ne peut s'accorder de gré a gré avec le propriétaire du droit pourra lui faire l'offre d'une somme d'après l'évaluation qu'il aura faite du droit.

Si le propriétaire refuse, l'évaluation se fera par des experts, qui estimeront la valeur actuelle du fief ou domaine, et d'après cette valeur connue on calculera le droit de mutation, lequel ensuite sera racheté au taux indiqué par la loi.

Les experts, dont le ministère seroit nécessaire dans ce

cas, ne doivent s'occuper que de l'estimation des fonds dans leur état actuel ; c'est la loi qui règle le taux du rachat.

Ainsi nous nommons des experts, parce qu'aucun contrat ne fixe le prix de mon fief : qu'y a-t-il à vérifier par experts ? Ce n'est pas la somme que je dois payer, mais seulement la valeur de mon fief, car cette valeur connue, je sais sur quel pied se perçoit le droit de mutation, et la loi m'indique à quel taux un pareil droit se rachète. Cette observation répond à une foule de questions qui nous ont été faites sur l'embarras où se trouvent des experts peu instruits de la loi ; ils n'ont pas besoin de la connoître pour dire si une terre vaut 10 ou 20 mille francs.

La liquidation des droits de mutation autres que ceux de mutations par vente, se fera sur le taux du dernier paiement qui en aura été fait dans les dix années antérieures, ou s'il n'en existe pas, le redevable pourra faire offre d'une somme, et en cas de refus les frais de l'estimation par experts seront supportés comme il est dit ci-dessus.

Ainsi, un fief m'est échu par la succession de mon oncle il y a 8 ans, j'ai payé pour cette mutation 200 livres, je dois, en rachetant, régler mon évaluation sur ce dernier paiement.

Actuellement les droits fixes et casuels étant ainsi liquidés, et le taux du rachat connu, il s'agit de faire des offres réelles au propriétaire des droits.

Cependant il est encore une précaution préalable que le redevable qui ne veut s'exposer à aucun risque en rachetant ne doit pas négliger.

Il peut se faire que le propriétaire des droits rachetables ait des créanciers, et ceux-ci ont le droit de former opposition au remboursement du propriétaire.

Les seigneurs qui avoient sous leur mouvance d'autres fiefs, peuvent également former opposition aux remboursemens des droits dépendans de ces fiefs.

Ces oppositions doivent se former, non entre les mains des redevables, car elles ne produiroient aucun effet, mais aux greffes des hypothèques (tels qu'ils sont ou seront établis par les décrets), du ressort de la situation du chef-lieu de ces fiefs.

La loi veut que ces oppositions contiennent les noms de famille, les qualités et demeures des propriétaires des fiefs, *sous peine de nullité.*

Ceux qui, avant le décret du 12 Novembre 1790, sanctionné le 19, avoient formé des oppositions qui ne contenoient pas ces déclarations, seront tenus de les renouveller, et elles seront enregistrées *gratis*, en justifiant de celles formées précédemment.

Voici le modèle de ces sortes d'opposition, tant pour le propriétaire de fief supérieur, que pour le créancier.

Opposition à la requête du propriétaire du fief supérieur.

L'an, etc. à la requête de Pierre.... demeurant à ... j'ai.... déclaré à MM. les conservateurs des hypothèques du ressort du district de ... en parlant au greffe du tribunal dudit district, à

Que Pierre... s'oppose par ces présentes, à ce qu'il soit fait aucun remboursement à Paul ... et Guillaume ... (noms de famille et qualités), propriétaires des ci-devant fiefs de ... et de ... situés à ... et mouvans dudit Pierre ... en sa qualité de ci-devant seigneur de ..., demeurant à ..., d'aucuns droits, charges et redevances, de quelque nature qu'elles soient, et d'aucuns droits casuels dépendans des susdits fiefs; et ce pour sûreté de ce qui pourroit lui être dû par lesdits Paul et Guillaume, à cause du rachat des droits féodaux dépendans des susdits fiefs de ... et de ... étant dans sa mouvance; et j'ai audit ..., remis copie du présent.

Opposition à la requête d'un créancier.

L'an, etc. à la requête de Antoine, demeurant à ..., au nom et comme créancier de Jacques, ci-après nommé, j'ai, etc.

Que ledit Antoine s'oppose à ce qu'il soit fait aucun remboursement à ... Jacques ... (nom de famille et qualité) demeurant à ... propriétaire du ci-devant fief de ... de toutes sommes provenantes des rachats qui pourroient lui être offerts des droits seigneuriaux dépendans dudit fief, de quelque nature qu'ils soient, jusqu'à ce que ledit ... opposant soit payé de ce qui lui est dû par ledit Jacques, en principaux, intérêts et frais; et j'ai audit ... remis copie du présent.

Ces oppositions durent trente ans.

Les créanciers qui auront négligé de former leur opposition, ne pourront exercer aucuns recours contre les redevables qui auront effectué le paiement de leur rachat.

Le redevable qui veut racheter, s'assure donc s'il n'existe au greffe des hypothèques aucune opposition.

S'il en existe une ou plusieurs, il s'en fait délivrer un extrait, qu'il dénonce à celui sur qui elles sont faites. Cette dénonciation peut se faire par exploit d'offres.

Modèle d'exploit d'offre.

L'an &c. à la requête de Thomas.... demeurant à.... j'ai... soussigné... me suis transporté en la maison ci-devant seigneuriale du village de.... comme chef-lieu du fief de.... dont dépendent les droits et redevances ci-après désignés, ou étant j'ai.... déclaré à Théodore,..... demeurant ordinairement en ladite maison, ou en son absence à.... concierge, homme d'affaires dudit Théodore... (1)... Que ledit Thomas étant dans l'intention de racheter les droits de cens et de lods et vente dus audit Théodore sur deux arpens de terres situées au terroir de.... canton de..., tenans d'une part à... d'autre à.... et appartenans audit Thomas, il avoit fait demander audit Théodore s'il entendoit traiter de gré à gré avec ledit Thomas, pour raison dudit rachat; que sur la réponse dudit.., qu'il ne vouloit point consommer ledit rachat à l'amiable, ledit Thomas.... s'est déterminé à faire des offres réelles audit ... de ce qui peut lui être dû, tant pour arrérages de cens, que pour le rachat des droits fixes et casuels; en conséquence j'ai audit Théodore ... en parlant comme dessus offert réellement, deniers à découvert, la somme de ... composée, 1°. de la somme de 6 livres, pour six années d'arrérages du cens annuel dû audit Théodore, à raison de

---

(1) On fait également des offres à un tuteur, un grevé de substitution, à un titulaire de l'ordre de Malthe.

10 sous par arpens chaque année, sur les deux arpens ci-dessus mentionnés; 2°. de la somme de 20 liv. capital au denier 20 de ladite redevance en argent, montant à 20 sous; 3°. de la somme de 150 liv., capital au denier 25, de la somme de 6 livres, à laquelle est évaluée la redevance annuelle de quatre boisseaux de grains, due par ledit Thomas audit Théodore, à raison de 30 sous par boisseaux, prix commun des grains de cette nature, ainsi qu'il est constaté par le relevé du registre du marché de.... et qu'il résulte de l'évaluation faite du prix auquel ledit grain a été vendu pendant 14 années, retranchement fait du prix le plus fort et du prix le plus foible, de quatre desdites années; 4°. de la somme de 50 livres, capital au denier 25 de celle de 2 livres pour le rachat de la redevance seigneuriale de 2 chapons due chaque année par ledit Thomas, à.... à cause d'un demi-arpent de pré situé à... ladite somme de 2 livres formant le prix commun d'une paire de chapons, fixé par le tableau estimatif dressé par le directoire du district de... 5°. D'une somme de 200 livres, capital au denier 25 de la somme de 8 livres pour le remboursement du droit de champart dû par... à.... à raison de 12 gerbes de tous grains sur un arpent et demi de terre situé à... à laquelle somme ledit droit de champart a été évalué sur le relevé du registre du marché de... et d'après l'estimation du produit commun de ladite terre, et la fixation de la quotité annuelle dudit droit.

6°. De la somme de.... pour le remboursement du droit de lods et ventes, du audit Théodore lors des mutations par ventes, sur le pied du douzième du prix de la vente, pour raison des deux arpens de terre sus mentionnés, ladite somme de.... faisant la moitié de celle de.... montant dudit droit liquidé sur le prix du contrat d'acquisition passé au profit dudit Thomas, le.... avril 1787....

7°. &c. &c. &c....

Toutes lesquelles sommes revenantes à celle totale de... j'ai sommé ledit.... de recevoir, et d'en donner quittance audit Thomas, portant décharge et affranchissement absolu pour lui, ses successeurs, ayans cause, de tous les droits généralement quelconques, tant fixes que casuels, dont étoient grevés les héritages ci-dessus mentionnés envers ledit Théodore comme propriétaire du fief, de... le tout sauf à parfaire dans le cas où la somme ci-dessus offerte ne seroit pas jugée suffisante, lequel Théodore... a répondu... qu'il ne pouvoit ou vouloit accepter lesdites offres, attendu, 1°. qu'elles étoient insuffisantes, quant au rachat du droit de terrage; 2°. que ledit Thomas devoit offrir en même temps les droits de mutation qu'il n'avoit pas payés en totalité, aud... lors de l'acquisition par lui faite le... 1787, desdits deux arpens de terre...

Vu lequel refus, j'ai huissier soussigné, sans aucune approbation des raisons dudit Théodore, et sauf les défenses contraires dudit Thomas, donné assignation audit, à comparoir (à la huitaine) par-devant les juges du tribunal du district de... pour voir ordonner que lesd... offres seront déclarées valables et suffisantes; en conséquence que led... sera tenu de les accepter et d'en recevoir le montant aux conditions ci-dessus, sinon que ledit Thomas sera autorisé à en déposer le montant entre les mains de tel dépositaire qu'il plaira aux juges nommer, aux risques et périls dudit Théodore, et qu'après ledit dépôt effectué, ledit Thomas sera déchargé et affranchi pour lui, ses successeurs, &c.

Si le propriétaire ne comparoît pas, on obtient sentence par défaut, qui adjuge les conclusions de la demande, et autorise le dépôt, on dépose après avoir sommé le défendeur d'y être présent, et on signifie l'acte de dépôt au propriétaire.

La même marche se suit dans le cas où le propriétaire ne fait aucune réponse sur l'exploit d'offre; si au contraire le propriétaire comparoît sur l'assignation, et prétend que les offres sont insuffisantes, on ordonne une estimation par experts.

Si le redevable a trouvé des opposans au greffe des hypothèques, il ajoute dans l'exploit d'offre: après le détail des sommes offertes;

« A la charge 1°. de donner audit Thomas quittance desdites sommes, portant décharge, &c. 2°. de lui apporter main-levée des oppositions formées au greffe des hypothèques sur ledit Théodore, par.... les.... et dont l'extrait lui est signifié avec la copie des présentes, lui déclarant que faute par lui de justifier audit Thomas de la main levée des dites oppositions, *dans trois mois*, à compter de ce jourd'hui ledit Thomas se pourvoira pour se faire autoriser à consigner lesdites sommes ».

Si dans l'intervalle des trois mois le propriétaire n'apporte pas la main-levée, le redevable se fait autoriser à consigner, et si la consignation ou le paiement sont exécutés, huitaine après l'expiration des trois mois, les intérêts de la somme dus pour le rachat cessent, à compter du jour de la dénonciation.

Les quittances de rachat sont sujettes à l'enrégistrement, pour lequel il n'est dû que 15 sous.

Le propriétaire d'un fief, qui a reçu le rachat des droits en dépendans, est obligé de racheter à proportion les droits par lui dus au seigneur de qui il relevoit.

Celui-ci, comme on l'a vu, peut former opposition au greffe des hypothèques; mais outre cet acte conservatoire, outre son action contre le propriétaire qui a reçu le rachat, celui-ci est obligé de lui en donner connoissance dans le mois de janvier de l'année qui suit celle dans laquelle le rachat aura été fait, et ce à peine de restitution du double.

Cette notification se fait par acte extrajudiciaire, contenant déclaration au propriétaire du fief supérieur, que le propriétaire du fief inférieur a reçu tel et tel rachat, moyennant telle somme.

Le rachat étant consommé d'après les règles ci-dessus indiquées, le propriétaire de la terre rachetée peut la vendre sans crainte d'être inquiété par l'ancien seigneur; cependant il y a à cet égard deux observations bien essentielles à faire, 1°. la loi ne donne aux redevables que deux ans pour faire un rachat suivi d'une vente prochaine; 2°. après l'expiration de ces deux ans, toute vente volontaire qui seroit faite dans les deux années postérieures au rachat, n'en seroit pas moins sujette au droit de mutation.

Le délai de faveur accordé par l'article 42 du décret du 3 mai, a eu pour motif et pour but d'engager les redevables à se racheter.

Ce motif très-sage, très-propre à remplir l'intention des législateurs, a déterminé un grand nombre de rachats, mais il faut convenir que la plupart se font en fraude des seigneurs. Pierre veut vendre avantageusement sa terre, il convient avec Jacques son acquéreur, qu'il fera d'abord le rachat; en fait, sous seings privés, une vente ou promesse de vendre, que l'on a soin de tenir secrette, le rachat se consomme, et quelques jours après, on passe l'acte public. Voilà ce que journellement nous voyons pratiquer; c'est bien constamment une fraude, et la loi l'a prévue, puisqu'elle a décidé que les ventes qui se feroient à une époque prochaine du rachat, ne seroient pas exemptes du droit de mutation ; ce n'est que par une exception que des motifs d'intérêt public ont dictée, qu'elle a dispensé ceux qui se racheteroient dans le délai de deux ans, à compter de la publication des lettres patentes du 9 mai 1790.

Cette exception est la seule réponse qu'on puisse opposer à ceux qui se plaignent de l'espèce de fraude dont nous parlons; la loi a permis le rachat, et n'a pas entendu mettre obstacle aux ventes des fonds rachetés. Je puis donc racheter aujourd'hui et vendre demain, sans que le propriétaire des droits ait rien à réclamer, parce que je profite de la faveur de l'exception, la loi ne voit dans ce moment que l'intérêt public attaché à la prompte libération des charges qui grèvent la terre.

Cependant, nous croyons très-fermement que, si un ci-devant seigneur pouvoit se procurer la preuve de la fraude, il seroit très-fondé dans sa réclamation. Par exemple, Pierre et Jacques, ont fait un acte sous seings privés, contenant vente par Pierre à Jacques du ci-devant fief de.... moyennant la somme de.... avec clause que Pierre vendeur se chargeroit du rachat des droits féodaux, et qu'il ne seroit passé acte devant notaire qu'après la consommation du rachat.

Antoine, seigneur dominant du fief vendu, découvre cet acte, ou par les registres du contrôle, ou par la remise que lui fait Jacques du double de la vente, ou enfin par toute autre voie. Nous pensons que, dans ce cas, le seigneur dominant peut exiger les droits de mutation sur le pied de l'acte de vente sous seings privés. Si la loi n'a pas pû empêcher la fraude, elle n'a pas non plus voulu la favoriser.

Mais il faut observer aussi qu'une simple *promesse de vendre*, fût-elle connue du seigneur, ne pourroit l'autoriser à exiger le droit; car, jamais une promesse de vendre n'a donné ouverture aux profits de fief. Nous faisons cette remarque, parce que la plupart des actes qui se font maintenant entre l'acquéreur et le vendeur avant la vente publique, ne sont que des *promesses de vendre*.

Il est une autre sorte de rachat, dont il faut parler aussi :

On a lu dans notre premier ouvrage le décret du 26 juillet 1790, rendu au sujet des plantations sur les chemins publics et avenues.

Il y a deux choses à considérer à ce sujet.

A l'égard des avenues qui conduisent aux châteaux des ci-devant seigneurs, si les terreins qu'elles occupent appartiennent au seigneur, non en sa seule qualité de seigneur, mais comme propriétaire à titre d'acquisition, d'échange, de succession, &c. ces avenues, ainsi que les arbres plantés sur icelle, continueront d'être sa propriété; il n'aura à observer que les règles établies sur les intervalles, qui doivent séparer les arbres plantés d'avec les héritages voisins.

Quant aux arbres plantés par le seigneur sur les chemins publics, rues et places, il peut en disposer, mais pour la dernière fois, il n'aura plus désormais le droit d'en planter (1).

Le seigneur peut donc abattre et vendre les arbres, mais la loi lui impose la condition préalable d'avertir, deux mois à l'avance, par affiches, les propriétaires riverains et les communautés d'habitans.

Voici comment nous pensons que cette formalité doit être remplie.

Le seigneur fait, ou imprimer, ou dresser par écrit, une affiche en ces termes :

«.... Jacques.... ou Paul,... ci-devant seigneur haut-justicier, du village ou bourg de.... fait savoir à la communauté de.... et à tous les propriétaires des héritages donnant sur le chemin de.... que son intention est de disposer tant des arbres, bois ou buissons, plantés le long dudit chemin, que de ceux plantés sur la place de... et le long de la rue de... à ce que lesd... aient, si bon leur semble, à profiter du bénéfice du décret du 26 juillet 1790, sanctionné par le roi le 15 août suivant, en conséquence à racheter, savoir, lesdits propriétaires, les arbres, buissons, ou bois plantés vis-à-vis des héritages de chacun d'eux, et ladite communauté de... ceux plantés sur la place où le long de la rue de... le tout dans le délai de deux mois, à compter du... jour de la publication des présentes, et ce sur le pied de la valeur actuelle desdits arbres ou buissons d'après l'estima-

(1) Notez bien qu'il ne s'agit que des arbres plantés sur les chemins, rues et places publiques, et non de ceux plantés sur les marais et terreins vains et vagues, non compris dans la loi.

tion qui en sera faite par des experts nommés par les parties sinon d'office par le juge : sinon et led. délai passé, led... déclare qu'il disposera desdits arbres comme bon lui semblera. A.... ce....

Pour donner à la publication de cette affiche une date non susceptible de contestation, il sera bon de la faire faire par un huissier qui affichera cette déclaration aux endroits accoutumés dans le lieu de la situation des arbres, et dressera procès-verbal de l'affiche.

Le délai de deux mois passés, si on ne s'est pas présenté pour racheter, le seigneur peut faire abattre ou vendre les arbres.

Si les propriétaires riverains veulent racheter les arbres qui sont vis-à-vis leurs héritages, on fera l'estimation du produit commun annuel des arbres, formé sur les 14 dernières années, déduction faite des deux plus fortes et des deux plus foibles.

Ainsi, une allée de noyers est plantée vis-à-vis du champ de Matthieu, il veut racheter ces arbres : on suppute leur produit depuis 14 ans, on trouve qu'ils rapportoient quelquefois 15, 20, 25, 30, et jusqu'à 36 liv. par an, mais le plus communément de 20 à 30; on déduit deux années au-dessous de 20 livres, et deux années au-dessus de 30 livres; et si l'année commune des dix restantes est de 25 livres, le rachat se fera au capital du denier *dix* de ce produit commun, sauf la déduction que l'on pourra faire sur ce capital, d'après la qualité, l'âge et l'état des arbres.

Il nous reste à parler du rachat des bannalités, exceptées de la suppression prononcée par le décret du 15 mars 1790.

Les communautés qui voudront s'en libérer, pourront aussi traiter de gré à gré, nulle loi ne s'y oppose; mais quoique les décrets ne le prescrivent point, elles ne doivent, à mon avis, agir pour ces opérations de rachat, que sous l'inspection et autorisation des assemblées administratives. Argument tiré de l'art. 8 du décret du 3 mai.

Nous ne parlerons ici que du rachat offert par une communauté, à un seigneur qui n'a point consenti de traiter de gré à gré.

Pour faire le rachat d'un droit de bannalité, le concours des officiers municipaux n'est pas suffisant, c'est le cas de convoquer le conseil général de la commune, pour délibérer sur la proposition du rachat. Là, on examine si le droit de bannalité est onéreux, s'il seroit plus avantageux à la commune de le laisser subsister, que d'en faire le rachat ; et, dans ce dernier cas, quels fonds seront employés à cet objet, s'il faut, ou aliéner des immeubles, ou employer des fonds extraordinaires. On ne peut rien faire, sans l'autorisation des assemblées administratives.

Si les revenus communs suffisent, on prend une délibération motivée, et le rachat est offert à la requête des officiers municipaux de la commune, poursuite et diligence du procureur de la commune.

Ces offres doivent être précédées de la liquidation du droit de bannalité.... On suppose un moulin bannal.... Il rapportoit par an, année commune, 300 boisseaux de froment, 200 boisseaux de seigle et autant d'orge, le tout estimé d'après les règles observées pour l'évaluation des grains, à 600 liv. par an.

La suppression de la bannalité va diminuer le profit de ce moulin ; cependant, ce profit n'est point anéanti, car un moulin non bannal n'en est pas moins d'un rapport quelconque. On évalue donc seulement la diminution qu'éprouve le propriétaire, par la suppression de la bannalité ; et c'est cette diminution seulement, qui règle le taux du rachat : si elle est évaluée à 400 liv. le rachat se fera à raison de 400 liv. sur le pied du denier 20.

Ainsi, on offrira au propriétaire 8000 livres, capital au denier 20 de 400 livres, *sauf à parfaire.*

Si le propriétaire s'en rapporte à cette évaluation, il n'y aura pas lieu à estimation.

S'il refuse les offres, l'estimation sera faite par experts, d'après les règles qu'on vient de rapporter.

Observations sur quelques principaux effets de la destruction du régime féodal.

Le rachat des droits féodaux est permis, mais tous les redevables ne racheteront pas, tous ne racheteront pas en même temps ; les ci-devant seigneurs seront donc propriétaires jusqu'au rachat.

On ne leur fournira plus ni foi et hommage, ni aveu et dénombrement, ni déclarations à terrier ; mais ils auront droit d'exiger de simples reconnoissances, à certaines époques, par exemple, tous les trente ans, dans les pays où la prescription trentenaire a lieu pour les droits fonciers.

Ces reconnoissances seront passées pardevant notaires, au choix de ceux qui les feront, et à leurs frais.

Ces actes seront désormais les seuls qui auront lieu entre les ci-devant seigneurs, vassaux et censitaires.

Les propriétaires de droits féodaux et censuels doivent avoir sur-tout la précaution d'exiger en temps utile les déclarations de leurs redevables; car, même dans les pays où le cens étoit imprescriptible, il se prescrit maintenant, comme tous les autres droits fonciers.

Ainsi, dans les pays où la prescription trentenaire est en usage, si je néglige de me faire passer reconnoissance, avant l'expiration de la trentième année, à compter du jour de la dernière reconnoissance, le redevable peut m'opposer la prescription, et alléguer qu'il est libéré en vertu de la loi.

Rien n'est encore innové par rapport aux arrérages. Ordinairement on pouvoit en exiger vingt-neuf ans, on le peut encore, jusqu'à ce que la loi en ait autrement decidé.

La suppression des attributs de la féodalité en a cependant laissé subsister les vestiges, dans plusieurs cas qu'il est utile de bien connoître.

D'abord, les contrats de fief et de cens n'ont reçu aucune atteinte, quant aux droits casuels, et rien n'étoit si juste que de maintenir les conventions des parties à cet égard. Je vous ai concédé en fief ou en censive, tel domaine qui m'appartenoit, à condition, 1°. que vous me payeriez chaque année une redevance de telle somme, et 2°. que, toutes les fois que ce domaine seroit vendu ou changeroit de propriétaire, d'une maniere quelconque, il me seroit payé un droit égal à une portion du prix de la vente, ou de la valeur de l'héritage. Cette convention, licite dans son principe, sera toujours exécutée : le ci-devant seigneur, qui avoit droit de quint et requint, de lods et ventes, etc. percevra donc toujours ces mêmes droits, lors des des mutations qui y donneront ouverture.

Il ne pourra néanmoins poursuivre son paiement par les voies ci-devant usitées de la saisie féodale ou censuelle; il n'a que l'action ordinaire d'un créancier bailleur de fonds qui, faute de paiement, peut obtenir condamnation, faire saisir l'héritage, etc.

En second lieu, sous le règne féodal, le seigneur n'étoit pas obligé, à moins que ce ne fût pour arrérages dus, de former opposition au greffe des hypotheques, pour raison des droits féodaux et censuels auxquels pourroient donner ouverture les aliénations ou toutes autres mutations qui survenoient dans sa mouvance. L'acquéreur d'un héritage grevé de cens, obtenoit des lettres de ratification, qui n'avoient d'autre effet que de purger les arrérages.

Rien n'est changé sur ce point. Je suis possesseur d'une censive considérable, dans laquelle il peut arriver plusieurs mutations; si mes censitaires ne me doivent point d'arrérages, je reste tranquille; si quelqu'un d'eux m'est redevable de quatre, six, plus ou moins d'années de cens, je forme, pour raison de cette créance seulement, opposition au greffe des hipothèques; ma négligence à cet égard m'exposeroit à perdre tout droit pour raison de ces arrérages sur l'héritage passé entre les mains de l'acquéreur, qui auroit obtenu des lettres de ratification sans opposition.

En troisième lieu, malgré l'abolition du droit d'aînesse et de masçulinité, il y aura encore long-temps et souvent lieu à l'exercice de ces droits, parce que la loi a excepté ceux qui, au temps de la promulgation, étoient mariés, ou veufs avec enfans.

Ceux-là, dans les partàges qui se feront par la suite, auront les mêmes avantages que si la loi n'existoit pas.

Ainsi, lors du décret du 15 mars, qui contient ces dispositions, Pierre, ainé de sa famille, étoit marié, quoique sans enfans, ou veuf avec enfans, la coutume lui donnoit, comme ainé mâle, une portion plus considérable que celle des frères et sœurs dans les fiefs; sa condition n'est point changée par les décrets; il jouira de tous ses avantages dans les successions quelconques qui pourrent lui écheoir: mais la succession de Pierre lui-meme, n'aura plus ce privilége; ses enfans partageront, sans égard à l'ancienne qualité noble des biens et des personnes.

Il faut bien remarquer à cette occasion, que le decret qui abolit les droits d'ainesse et de masculinité, ne doit avoir d'effet qu'à compter du jour de la publication des lettres-patentes du Roi, du 24 mars 1790, et non du jour de la date du décret. Cette circonstance peut être de la plus grande importance dans bien des cas. Par exemple, je me suis marié le jour ou le lendemain du décret, je dois profiter de l'exception de la loi, qui n'est censée connue, et n'est obligatoire, que du jour de sa publication. D'ailleurs, l'art. 11 du titre premier, et l'article 33 du titre 2 des lettres-patentes du 24 mars 1790, contiennent sur ce point des dispositions précises.

Les formalités qui tiennent au nantissement féodal et censuel, sont abolies, à compter du jour où les tribunaux de district seront installés dans les pays de nantissemens. La seule formalité à remplir maintenant, jusqu'à ce qu'il en ait été autrement ordonné, est de faire transcrire par le greffier du tribunal du district, de la situation des biens, dans un registre particulier tenu à cet effet, les grosses des contrats d'aliénation ou d'hypothèque, ce qui suffira pour consommer les aliénations et les constitutions d'hypothèques.

Dixmes inféodées.

La dixme inféodée, est supprimée, à compter de l'année 1791, ceux qui la devoient ne seront point tenus de la racheter, la nation est chargée d'indemniser les propriétaires de ces sortes de dixmes.

Cette indemnité sera réglée sur le pied du denier 25 du produit de la dixme, pour celle en nature, et du denier 20, pour celle qui se payoit en argent en vertu d'abonnemens *irrévocables*.

Le décret du 23 octobre 1790, sanctionné le 5 novembre suivant, (il est rapporté dans notre recueil des décrets sur les droits féodaux) contient un titre exprès sur l'indemnité à accorder aux propriétaires de dixmes.

La plupart des articles de ce décret se comprennent aisément et n'ont pas besoin d'une plus ample explication.

Nous allons seulement indiquer la marche à tenir par ceux qui ont droit de prétendre à l'indemnité d'après le décret.

Leur premier soin est de rassembler tous leurs titres de propriété.

Les principaux titres à cet égard sont les aveux et dénombrement rendus par les propriétaires des dixmes inféodées, au seigneur du fief supérieur dans la mouvance duquel étoient ces dixmes féodales, ces aveux font ordinairement mention des dixmes inféodées, et pour posséder justement ces sortes de dixmes, il suffit de prouver une possession immémoriale et de rapporter des aveux et dénombremens ou quelqu'autres titres qui établissent qu'elles étoient tenues en fief.

Ces titres rassemblés, on les classe par ordre, et si le propriétaire percevoit la dixme par lui-même, il joint à ces titres un état des pièces de terres qui produisent des fruits sujets à la dixme, en les indiquant par tenans et aboutissans, et en dénommant les possesseurs de ces terres.

Si la dixme étoit affermée, le propriétaire joindra le bail à ses titres.

Si le propriétaire étoit en procès sur l'existence ou la quotité de la dixme inféodée, il est autorisé à poursuivre le jugement, de la contestation devant les tribunaux compétens, et les juges devront se décider d'après les preuves autorisées par les statuts, coutumes et règles observées jusqu'à présent.

Dans ce cas, le propriétaire de la dixme, en remettant ses titres, observera qu'il est en contestation pour telle portion.

Si tous les redevables lui contestoient la dixme, il ne pourroit demander l'indemnité qu'après avoir fait juger la question.

Si ses titres ont été brûlés ou pillés, s'il a été forcé par des violences à renoncer à ses droits, la loi ne veut pas que ces actes de fureur d'un peuple aveuglé par de fausses idées de liberté, ou plus souvent excité par des factieux qui ne respirent que meurtre et incendie, puissent nuire aux droits de ceux qui en ont été les malheureuses victimes.

Le propriétaire dépouillé, trouvera la manière de se pourvoir, tracée dans les articles 6, 7 et 8, du titre 3, du décret du 15 mars 1790.

Les baux des dixmes inféodées, pour servir de base au réglement de l'indemnité, doivent avoir une date certaine antérieure au 4 août 1789, ceux faits depuis, ou qui, datés d'une époque antérieure au 4 août, ne réuniroient pas des caractères d'authenticité qui pussent écarter toute idée de fraude, ne seront point pris pour règle lors de la détermination de l'indemnité.

Au premier cas, on joindra aux baux, faits avant le 4 août, les baux passés précédemment, et dont la durée aura commencé 15 ans avant ledit jour 4 août, et le produit des dixmes sera évalué d'après ces titres.

Il sera utile, quoique la loi ne le dise pas, de joindre aux titres produits, un mémoire succinct d'observations, dans lequel on annoncera l'origine de la dixme qu'on possédoit, les titres, ou jugemens qui en assuroient ou confirmoient la propriété, la manière dont on la percevoit par soi-même ou par ses fermiers, &c. et le montant de l'indemnité qu'on se croit fondé à réclamer.

Ce mémoire sera précédé de l'état ou inventaire sommaire des titres remis au directoire, et rédigé à peu-près en cette forme.

État des titres qui établissent la propriété et possession de la dixme inféodée appartenante à.... sur le canton de.... du territoire de.... et pour la suppression de laquelle dixme ledit.... demande l'indemnité ordonnée par les décrets de l'Assemblée nationale, sanctionnés par le Roi.

1°. Aveu et dénombrement, rendu en.... par.... à..... dans lequel il est parlé de la dixme inféodée dont il s'agit en ces termes. *Item.* ledit.... déclare qu'il lui appartient sur le territoire de,... canton de, ... un droit de dixme inféodée, qui se perçoit à la treizième gerbe, sur 11 arpens de terre situés audit canton et tenans à....

2°. Un contrat de vente fait par... à... en... dans lequel il est dit que.... ledit.... vend à.... la terre et seigneurie de... avec tous les droits en dépendans dans lesquels est nommément comprise la dixme inféodée sur les terres, &c.

3°. Un autre aveu, &c.

4°. Un arrêt du parlement de.... du.... rendu entre.... et.... lequel confirme le.... dans la possession immémoriale de percevoir la dixme inféodée sur le canton de.., &c.

5°. Une expédition du bail fait le..., à... de ladite dixme, moyennant....

6°. Quatre expéditions de baux précédens en date de..... par lesquels la dixme dont il s'agit a été affermée : savoir, en (telle année) la somme de.... et en (telle autre) la somme de. ...

Pierre possède depuis.... la dixme inféodée.... sur....
Cette propriété lui est assurée par deux aveux, &c.

De tout temps cette dixme a été affermée par M. . ., et ses prédécesseurs, ... le dernier bail passé... à... le... est fait moyennant la somme de... par chaque année, et pour en justifier Pierre... produit avec ces présentes; 1°. le bail dudit jour; 2°. trois baux précédents, faits pardevant notaires, les...

Il résulte de ces baux que la dixme inféodée dont il s'agit, rapportoit à Pierre... la somme de... par chaque année.

Par conséquent l'indemnité due à... à cause de la suppression de cette dixme, en la fixant aux termes des décrets, sur le pied du denier 25 du produit, doit être de la somme de....

Autre cas. Cette dixme est affermée à... par le bail général de la terre de... mais sans aucune distinction ni évaluation particulière, mais ledit... fermier général, a sous-loué ladite dixme moyennant la somme de 400 livres par année, ce qui peut faire présumer que si elle étoit louée directement par le propriétaire, elle produiroit au moins 500 livres par an, prix auquel ledit Pierre a déclaré qu'il entendoit fixer la valeur de la dixme, pourquoi il lui seroit dû une indemnité de la somme de...

Autre cas. Cette dixme n'a jamais été affermée, mais toujours exploitée par ledit... et ses auteurs, elle se perçoit sur toutes les terres situées dans le canton de,.. et dont voici l'état......

1°. Sur un arpent... de terre appartenant à..... et affermé à.... tenant d'une part à... &c. (on donne l'état de toutes les terres produisant des fruits décimables).

Cette dixme rapportoit année commune,....... gerbes de froment......... gerbes de seigle, ce qui, à raison de......... par gerbes........ donne la quantité de.... boisseaux, qui évalués sur le pied de... par boisseau, prix commun du pays, forment un produit annuel de la somme de.... sur laquelle il faut déduire les frais de perception montans à..... reste de produit net la somme de.... qui au denier 25... donne un capital de....

AUTRE CAS. Cette dixme étoit autrefois perçue en nature, mais la difficulté de la perception, et les procès multipliés qui se sont élevés entre ledit ... et la communauté de .... ont déterminé l'un et l'autre à passer entr'eux un acte, par lequel il a été dit que le droit de dixme inféodée, dû ... à ... sur ..., seroit converti en une redevance annuelle de ... qui lui seroit payée par ..., au moyen de laquelle ledit ... renonçoit à percevoir le droit de dixme dans ledit canton, tant que la redevance lui seroit exactement payée. Cet acte, fait avec l'autorisation du commissaire departi de la province de ... qui l'a approuvé, a de plus été homologué par arrêt du ... rendu sur les conclusions du ministère public, & a reçu sa pleine et entière exécution depuis....

Or, aux termes du décret du 23 octobre 1790, l'indemnité de la dixme inféodée dont il s'agit, doit être fixée sur le pied du denier 20 du produit en argent ; ce qui pour... forme une somme de ...

AUTRE CAS. Pierre étoit ci-devant propriétaire du droit de dixme inféodée sur tel canton, mais il en a fait la concession à la cure de ... suivant un acte passé le ..., après l'observation des formalités réquises en pareil cas, a la charge d'une redevance annuelle de la somme de ... qui lui seroit payée par le curé de ... et ses successeurs, sur le produit de la dixme ecclésiastique de.... aux termes du décret du 23 oct. ledit.... doit être indemnisé sur le pied du denier vingt de lad. redevance en argent, etc....

Enfin, on ajoute dans le Mémoire, toutes les circonstances particulières qui peuvent tendre à la plus ample justification de la réclamation du propriétaire.

Les titres et Mémoires remis au secrétariat du district, le directoire examine le tout, et fait ses observations.

1°. Il peut opposer, que les titres produits n'établissent point la propriete des dixmes inféodées.

2°. Que le bail qu'on produit n'est que sous seings privés, et non contrôlé avant le 4 août 1789, et n'a par conséquent point de date certaine.

3°. Que la dixme dont on reclame indemnité, étoit insolite, et qu'on ne justifie pas de la possession de quarante ans, exigée par la loi, pour avoir droit à l'indemnité de ces sortes de dixmes.

4°. Que l'indemnité reclamée ne doit pas être payée par le trésor public, parce qu'il paroît par les titres ou qu'il est constant d'ailleurs que la dixme en question quoiqu'inféodée, étoit due par les redevables à cause de la concession du fonds; que dans ce cas, c'est au redevable à payer le rachat, ou à continuer le paiement de la dixme.

5°. Que mal-à-propos le propriétaire qui reclame l'indemnité, met au nombre de ses répétitions le rachat des droits casuels qu'il avoit droit de percevoir, lors des mutations des héritages sujets à la dixme, parce que la nation qui s'est chargée d'indemniser les propriétaires à cause de la suppression de la dixme, qu'il n'eut pas été juste de faire racheter aux redevables, ne s'est pas chargé de racheter les droits casuels, dont il est libre aux redevables de se redimer, sauf à en continuer le paiement, le cas échéant, s'ils ne jugent pas à propos d'en faire le rachat.

6°. Que le propriétaire qui reclame n'est pas dans le cas de l'indemnité, parce que, ayant concédé ses héritages sur lesquels il avoit droit de percevoir la dixme, par bail emphythéotique, pour un temps limité, à condition, par le preneur, de lui payer la dixme; cette dixme n'est point supprimée, et que le propriétaire a le droit de la percevoir jusqu'à l'expiration du bail, sans qu'on puisse le forcer d'en souffrir le rachat.

7°. Que sur l'indemnité à accorder au propriétaire, il doit être fait déduction, 1°. du capital de la moitié de la portion congrue qui se payoit au curé de.., par moitié, entre le ci-devant chapitre de... comme gros décimateur du terroir de... et ledit... aussi en sa qualité de décimateur, ainsi qu'il avoit été réglé entre eux par transaction passée le... et homologuée par arrêt du... 2°. de la moitié des réparations faites en 1787 au chœur et cancel de l'église paroissiale de... desquelles lesdits décimateurs étoient tenus chacun pour moitié, et qui montent à la somme de.... suivant qu'il résulte du devis estimatif et de l'adjujudication faite à... par-devant le subdélégué du ci-devant intendant s &c. &c.

Les directoires de district doivent être trèsattentifs à l'examen des titres et réclamations qui leur seront présentés, plusieurs des ci-devant seigneurs, qui n'étoient pas paisibles possesseurs de la dixme inféodée, qui ne la percevoient que sur certains cantons, ou dont la propriété n'étoit pas trèsassurée, pourroient se présenter pour reclamer l'indemnité, parcequ'ils n'auroient pas pour contradicteurs les redevables, qui sont les véritables parties intéressées, lors de la perception de la dixme, mais dont l'intérêt a cessé par sa suppression.

L'Assemblée nationale, il est vrai, a voulu prévenir cet abus, en ordonnant que le district prendroit l'avis des municipalités dans le terroir desquelles se percevoit la dixme pour laquelle on reclameroit l'indemnité, et qui devront alors donner des éclaircissemens sur le droit prétendu par le propriétaire.

Mais, autant les corps administratifs et municipaux doivent être scrupuleux dans l'examen des titres, pour ne pas grever le trésor public de dettes illégitimes, autant doivent-ils avoir égard à la bonne foi du propriétaire, qui jouissoit tranquillement d'un droit que personne ne lui contestoit; une possession immémoriale, paisible, soutenue d'aveux et denombremens qui rappellent la dixme inféodée, et de quelques titres énonciatifs, voilà des signes non équivoques de propriété, on n'en exigeoit pas davantage dans les tribunaux.

Les directoires traiteront les réclamations d'indemnités par voie d'administration.

S'il y a des baux qui puissent servir de règle pour la fixation de l'indemnité, le directoire du district commencera par demander les observations des municipalités, et donnera ensuite son avis.

S'il n'y a pas de baux, le directoire fera procéder à une estimation par experts.

Il préviendra le propriétaire, qui nommera un expert pour lui, l'autre sera nommé par le procureur-syndic du district.

Ces deux experts estimeront le produit de la dixme inféodée.

Ils consulteront d'abord les titres du propriétaire, pour savoir à quel taux et sur quel nombre d'héritages il percevoit la dixme, quel est le produit, année commune, de chaque arpent de terre, ensemencé en chaque nature de grains, ce que chaque arpent pouvoit produire pour la dixme, ils détermineront la somme totale du produit en gerbes, et ce que le nombre des gerbes doit produire.

Si les deux experts ne sont pas d'accord, le directoire du département choisit un tiers-expert qui donne son avis.

Lorsque l'estimation est faite, le directoire communique le tout à la municipalité du lieu où se levoit la dixme ; celle-ci fait ses observations, et les envoie au directoire.

Le directoire procède ensuite à la liquidation de l'indemnité, il réduit en argent la quantité de grains, en fixant le prix de chaque mesure, d'après le relevé des registres du marché, et suivant les règles indiquées par le décret du 3 mai 1790.

Le propriétaire fait ses observations sur la liquidation, et quand les parties sont d'accord, ou quand le directoire juge qu'il peut donner son avis, il règle l'indemnité sur le pied du denier 25 du produit de la dixme, puis fait passer les pièces et son avis au directoire du département, qui statue ce qu'il croit convenable, après un examen de toutes les opérations faites par le district.

Mais les corps administratifs doivent observer une autre formalité, récemment prescrite par un décret du 18 janvier 1791.

Les dixmes inféodées appartenoient, ou à des particuliers, ou à des gens de main-morte, ou au domaine de la couronne, les particuliers seront indemnisés; les biens des gens de main-morte, et ceux du domaine, étant devenus nationaux, la suppression des dixmes qui en dépendoient, ne donnera lieu à aucune indemnité pour celles qui étoient libres dans la main de l'administration ou de ses fermiers. Mais une grande partie des domaines et droits domaniaux étoient engagés, c'est-à-dire cédés par le roi à des particuliers, moyennant une finance payée lors de l'acte d'engagement, et avec faculté de rachat.

Ces acquéreurs, qu'on appelloit engagistes, jouissoient des fruits et revenus des biens engagés; ils percevoient la dixme inféodée, quand elle étoit due sur les héritages dépendans des domaines engagés; la suppression de la dixme a diminué cette portion de leurs revenus; il étoit juste de les indemniser, mais leur indemnité n'est pas la même que celle du propriétaire incommutable, elle sera fixée sur le pied de la finance de leur engagement.

La loi (par oubli sans doute) n'a pas prévu le cas où cette dixme seroit comprise dans le contrat d'engagement avec d'autres droits, sans distinction de finance particulière ou autre renseignement qui pût marquer la valeur de chaque objet, ce qui donnera nécessairement lieu a des ventilations.

Ainsi il y aura des demandes en indemnité formées par des engagistes et des propriétaires incommutables.

Pour prévenir toute fraude de la part des engagistes, qui pourroient prétendre une indemnité à titre de propriétaires, l'Assemblée nationale voulant d'ailleurs éviter les erreurs que pourroient commettre les corps administratifs, soit parce qu'ils n'ont entre les mains aucun des renseignemens relatifs à l'administration des domaines, soit parce que les contrats d'engagemens devant être enregistrés à la chambre des comptes, ils n'auroient pas la facilité de puiser dans des dépôts éloignés d'eux toutes les pièces qui leur seroient nécessaires, l'Assemblée nationale, disons-nous, a ordonné que toutes les demandes en indemnité, pour raison de dixmes inféodées, seroient communiquées par les corps administratifs à l'administration des domaines qui, dans un délai de deux mois au plus tard, s'expliquera sur chaque mémoire, et dira si tel et tel réclamant étoit engagiste ou non; elle enverra sur ce point son avis aux corps administratifs, lequel avis sera visé dans l'arrêté de liquidation.

Cette précaution préviendra des inconvéniens, mais on ne peut se disimuler qu'elle entraînera bien des longueurs.

On voit par ce qui vient d'être dit, que la communication des mémoires à l'administration, est une formalité préalable à toute autre opération, car, comme l'indemnité de l'engagiste, et celle du propriétaire ne se règlent pas sur la même mesure, il seroit inutile de rien arrêter avant qu'on fût assuré de la qualité du réclamant.

Les districts feront donc parvenir les mémoires au département, qui les fera passer à l'administration, du moins nous croyons que telle doit être la marche pour éviter à l'administration une correspondance avec tous les districts.

Les directoires de département auront soin de faire dresser par les directoires de district, un état des indemnités qui seront accordées, et feront parvenir cet état au corps législatif.

Rentes foncières.

Il y a peu de choses à dire ici sur les rentes foncières, toutes ou presque toutes les opérations nécessaires pour parvenir à la liquidation et terminer le rachat de ces sortes de rentes en nature ou en argent, sont les mêmes que pour les redevances seigneuriales, il ne s'agit que de lire le décret général du 18 décembre, pour s'en convaincre.

Ainsi les procès-verbaux d'évaluation, du produit des fonds, de la valeur des grains, les offres réelles, les oppositions, les actes de liquidation sont les mêmes, aux termes près, que pour les droits féodaux. L'article 11 du titre 2 indique assez la manière dont doivent se faire les liquidations de gré à gré, pour les tuteurs et autres personnes désignées en l'article 4 du même titre.

Il est néanmoins un acte particulier au rachat des rentes foncières; il a lieu dans le cas de l'article 11 du titre 3, relativement à l'élection de domicile que doit faire le créancier d'une rente foncière *querable*, qui n'a pas de domicile dans l'étendue du district du lieu où la rente devoit être payée.

Cette élection de domicile doit être faite dans le délai de trois mois, à compter de la publication du décret du 18 décembre 1790, *sanctionné le* 29 du même mois.

Exemple. Pierre, domicilié à Paris, est créancier d'une rente foncière due sur un héritage situé dans l'étendue du district de Melun, de laquelle rente il étoit tenu d'aller chercher le paiement sur les lieux; il sera tenu d'élire un domicile dans le ressort de ce district, pour le cas du rachat. Voici l'acte qu'il fera signifier :

L'an . . . à la requête de Pierre . . . demeurant à . . . créancier d'une rente foncière de 30 livres, à lui due sur une pièce de terre située à . . . et actuellement possédée par Thomas . . . j'ai . . . soussigné . . . déclaré audit Thomas . . . que, pour se conformer à l'article 11 du titre 3 du décret de l'Assemblée nationale du 18 décembre 1790, sanctionné le 29 du même mois, ledit Pierre a fait élection de domicile chez Antoine . . . notaire, demeurant à . . . dans le ressort du district de . . . à l'effet seulement de recevoir la signification des offres qui pourroient être faites par ledit Thomas ... du rachat de ladite rente foncière, et que ledit Antoine a pouvoir dudit Pierre, même de traiter de gré à gré, s'il y a lieu, avec ledit Thomas, pour raison dudit rachat, sauf, le cas arrivant, à prendre sur lesdites offres tel parti qu'il appartiendra, protestant de nullité de tous actes qui seroient signifiés à autre domicile qu'à celui ci-dessus indiqué, et j'ai audit Thomas... laissé copie du présent.

Cet acte se fera aux frais du créancier; mais il nous paroitroit aussi dur qu'injuste, qu'un particulier qui posséderoit un grand nombre de rentes foncières dans l'étendue d'un territoire, fut obligé de notifier une élection de domicile à chaque débiteur : nous croyons donc, et notre opinion ne répugne point à la loi, qu'il suffira à ce créancier de faire publier une élection de domicile générale pour le rachat de toutes les rentes foncières qui lui seront dues, cette publication se fera par un huissier, à l'issue de la messe paroissiale du lieu, et l'acte en sera affiché à la porte de l'église et autres lieux accoutumés.

S'il n'y a point d'élection de domicile, les débiteurs feront leurs offres à la personne du commissaire du roi du district, et elles seront valablement faites.

Les oppositions à former par les créanciers qui voudront conserver leurs hypothèques sur les rentes foncières, se font en la forme ordinaire au greffe des hypothèques du lieu de la situation des fonds grevés desdites rentes.

On peut également former opposition entre les mains du débiteur, au remboursement de la rente foncière, mais cette pposition ne suffit pas. Voyez l'article 2 du titre 6 du décret du 18 décembre.

Fin de l'Instruction.

Suite de l'ouvrage intitulé, de la Destruction du Régime Féodal.

(1) DÉCRET OBMIS.

LEttres-patentes du roi, sur un décret de l'Assemblée nationale, interprétatif de ceux des 11 décembre 1789, 23 février et 15 mars 1790, concernant l'abolition du droit de triage et la propriété des bois, pâturages, marais vacans, terres vaines et vagues.

Données à Paris, le 26 mai 1790.

Louis, etc. A tous ceux, etc. L'Assemblée nationale, informée des désordres et voies de fait auxquels plusieurs communautés d'habitans et particuliers se sont portés dans différentes provinces du royaume, par une fausse interprétation des articles 30 et 31 du titre 2 du décret du 15 mars dernier, sanctionné par lettres-patentes du 28 du même mois, a décrété le 15 mai, et nous voulons et ordonnons que; par l'abolition du droit de triage, c'est-à-dire, de l'action qu'avoit ci-devant le seigneur pour se faire délivrer, dans certains cas, le tiers des biens par lui concédés précédemment aux communautés d'habitans, il ne soit rien préjugé sur la

(1) *Les pages sont disposées de manière qu'elles font suite à celles de l'autre volume.*

propriété des bois, pâturages, marais vacans, terres vaines et vagues, ni attribué sur ces biens aucun nouveau droit aux communautés d'habitans ni aux particuliers qui les composent. Ordonnons que toutes les communautés et tous les particuliers qui prétendroient avoir sur les bois, pâturages, marais vacans, terres vaines et vagues, des droits de propriété, d'usage, de pâcage, ou autres, dont ils n'auroient pas eû la possession réelle et de fait au 4 août 1789, seront tenus de se pourvoir, *par les voies de droit*, contre les usurpations dont ils croiroient avoir droit de se plaindre; mettons tous les possesseurs et afféagistes desdits biens, sous la sauve-garde spéciale de la loi; faisons défenses à toutes personnes de les troubler par voie de fait, à peine d'être poursuivis extraordinairement, sauf à faire juger contradictoirement avec eux, par les juges qui en doivent connoître, la légitimité ou l'illégitimité de leurs possessions. Ordonnons aux curés et vicaires desservans les paroisses, de faire lecture au prône, tant des présentes lettres-patentes, que de l'article 2 de celles du mois de décembre 1789, intervenues sur le décret du 11 décembre 1789; ensemble de l'article 3 des lettres-patentes du 26 janvier 1790, intervenues sur le décret du 23 février, et de l'article 5 du titre 3 des lettres-patentes du 26 mars dernier, intervenues sur le décret du même mois, lesquels, à cet effet, seront annexés par extrait à l'expédition des présentes. Mandons, etc.

Extrait des décrets rappellés dans les susdites lettres patentes.

Décret du 11 décembre 1789.

Art. II. Défenses sont faites à toutes communautés d'habitans, sous le prétexte de droit de propriété, d'usurpation, et sous tout autre quelconque, de se mettre en possession par voie de fait d'aucuns des bois, pâturages, terres vagues et vaines, dont elles n'auroient pas eu la possession réelle au 4 août dernier, sauf auxdites communautés à se pourvoir par les voies de droit, contre les usurpations dont elles croiroient avoir droit de se plaindre.

Décret du 23 février 1790.

Art. III. Les officiers municipaux emploieront tous les moyens que la confiance publique met à leur disposition pour la protection efficace des propriétés publiques et particulières et des personnes, et pour prévenir et dissiper tous les obstacles qui seroient apportés à la perception des impôts; et si la sûreté des personnes, des propriétés, et la perception des impôts étoient mises en danger par des attroupemens séditieux, ils feront publier la loi martiale.

Voyez au reste l'article V du titre III du décret du 15 mars, *page* 118.

Depuis la suppression du régime féodal, qui entraînoit celle des doits honorifiques, et de plusieurs droits seigneuriaux, un grand nombre de communautés d'habitans a cherché à se soustraire au paiement de tous droits quelconques; non contentes de priver les ci-devant seigneurs de leurs revenus, ce qui est d'une injustice criante, on a vu des municipalités se porter aux excès les plus condamnables, contre leurs propriétés; on s'est emparé de leurs bois, de leurs étangs, des arbres excrus sur les chemins publics, et qui leur appartenoient; on a brisé leurs armoiries, détruit les poteaux à carcan, les fourches patibulaires, abattu les girouettes, enlevé les bancs d'églises, fermé leurs chapelles, effacé les inscriptions gravées sur les tombeaux, les figures ou légendes peintes sur les vitraux des églises, les litres funèbres, comblé les caveaux de sépultures, démoli les prisons, dévasté les remises à gibier, les garennes, dépeuplé les fossés de poissons, tué les pigeons jusques sur leurs colombiers, &c. &c.

Le pinceau de l'histoire transmettra à nos neveux les détails de ces violences, ils en rougiront; mais qu'ils sachent aussi que les vrais citoyens contemporains en ont rougi avant eux, qu'ils n'oublient pas sur-tout, que les législateurs actuels, ces hommes que la calomnie poursuivra d'âge en âge, ne sont pas les auteurs de tous ces désastres publics, leurs loix déposeront en leur faveur; une fausse interprétation de ces loix, une liberté mal entendue, la perfidie de quelques intrigans, les suggestions de quelques ambitieux jaloux de régner un instant, les manœuvres de quelques factieux, voilà les véritables causes de ces désordres.

Qu'ils disent, ceux qui attribuent aux loix nouvelles tous les excès de la licence, qu'ils disent qu'elle est la loi qui les autorise, ou plutôt qu'ils en citent une seule qui ne désapprouve hautement toutes ces entreprises contre la liberté et la propriété.

Jamais, ni les municipalités, ni aucun particulier n'ont eu le droit d'attenter aux propriétés des ci-devant seigneurs, de quelque genre qu'elles fussent.

Il n'y a plus de haute-justices, les fourches patibulaires ne sont plus qu'un monument inutile et insignifiant; celui qui les abattroit de son autorité privée seroit puni; que le seigneur se pourvoie devant les tribunaux, contre toutes les violences qu'il a essuyées, la loi l'y protégera, et justice lui sera rendue.

Toutes les nouvelles loix proscrivent les voies de fait; vous avez enlevé mon poteau à carcan, je ne vous ferai pas condamner à le redresser, mais je vous assignerai afin de dommages intérêts pour avoir abattu, arraché, brisé ou enlevé une chose qui m'appartenoit, et que l'on ne pouvoit m'obliger d'enlever que par des formes légales.

Vous avez tué mes pigeons sur mon colombier, dans mon jardin, et hors *le temps et le lieu* où la loi les regarde comme gibier; vous devez être puni pour cette voie de fait.

Les municipalités qui ne protègent pas par tous les moyens que la loi a mis en leur pouvoir la propriété et la personne des ci-devant seigneurs, s'exposent aux peines mentionnées aux décrets ci-dessus.

Leurs droits se bornent à ceux que les décrets leur accordent, si elles les outrepassent, elles sont coupables.

Elles ne peuvent, par exemple, comme plusieurs l'ont fait, arrêter que les seigneurs seront tenus de représenter leurs titres pour la perception de leurs droits seigneuriaux.

Chaque redevable seul a le droit d'élever des difficultés sur la demande du seigneur. La loi est précise sur ce point, s'il s'agit de droits ordinaires, comme cens, terrages, &c. ils sont présumés etre le prix de la concession des fonds. Le redevable doit payer ou prouver que ces droits ont une autre cause.

Le seigneur ne peut pas, il est vrai, refuser la communication de ses titres, mais il en étoit de meme autrefois, il ne doit être tenu qu'à une communication, *sans déplacer*, ou prise dans ses archives, chez son notaire, &c.

S'il s'agit de droits extraordinaires qui sont conservés par les décrets, il faut se conformer littéralement à l'article 29 du titre 2 du décret du 15 mars.

La confusion ou fausse interprétation de cet article, a causé bien des erreurs.

Le seul cas ou une municipalité ait le droit d'agir en nom collectif, est celui où il seroit question des droits de la commune, contre le seigneur, mais alors la municipalité est partie, elle ne peut rien juger, elle doit se pourvoir dans les tribunaux.

Mais si, de son autorité privée, elle s'est emparée, ou a ordonné que les habitans jouiroient d'un bois, d'un marais ou autre propriété dont ils ne jouissoient pas avant le 4 août 1789; elle doit commencer par se désister de sa possession qui n'est qu'une usurpation, elle doit offrir au seigneur de lui restituer les fruits et jouissances induement perçus : *spoliatus ante omnia restituendus*. Ce principe ne manquera pas d'etre invoqué contre elle, par le ci-devant seigneur, car le règne des loix arrivera enfin; il faudra bien rendre à chacun ce qui lui appartient légitimement. Alors le propriétaire opprimé paroitra sans crainte dans les tribunaux, il y demandera, et le paiement des droits qui n'ont pas été acquittés, et la restitution de tout ce qui lui a été enlevé, et dont il avoit droit de jouir, sauf aux parties interessées a faire valoir leurs droits, si elles en ont.

Ainsi beaucoup de communautés ont abusé du décret qui abolit le triage, pour se mettre en possession de bois, qui autrefois avoient été adjugés au seigneur par l'effet du triage.

C'est-là une usurpation, car le triage n'est aboli que *pour l'avenir*, le seigneur ne pourra plus l'exiger, mais ce qui lui a été adjugé avant la publication du décret, ne peut lui être contesté.

La faculté que le décret accorde de se pourvoir contre les arrêts du conseil ou lettres patentes qui ont autorisé le triage, ne s'applique qu'aux cas où ce triage a été autorisé contre la disposition de l'ordonnance de 1669. (Voyez l'article 25 de cette ordonnance, rapporté page 93). Il faut donc, avant de penser à se pourvoir, 1°. consulter l'art. 25, et en rapprocher le cas où on se trouve; 2°. vérifier si depuis l'époque de l'arrêt ou de la loi qui autorise l'opération jusqu'à la publication de la loi, il s'est écoulé 30 ans; 3°. dans le cas où l'opération est révocable, il faut, non se mettre en possession *de plano*, mais actionner le seigneur dans les tribunaux, dans les cinq ans, a compter du jour de la publication du décret.

On observe que plusieurs seigneurs ont obtenu le triage, *dans* ou *hors* les cas permis; des jugemeus en dernier ressort, ou passés en force de chose jugée, ont confirmé ou consacré leurs droits, mais depuis, les parties se sont pourvues en cassation, et leurs demandes ne sont point encore jugées; ces demandes n'empechent pas que le délai des 30 ans n'ait couru, car la voie de la cassation est une voie extraordinaire qui ne suspend pas l'effet des jugemens. Si je possède en vertu d'un arrêt de 1759, contre lequel mon adversaire s'est pourvu en cassation, il ne sera plus recevable à attaquer mon titre en vertu du décret, sauf à lui à faire statuer sur la demande en cassation.

En un mot, les communautés, comme les particuliers, ne doivent jamais oublier, que si les seigneurs ne peuvent plus prétendre que les droits qui leur sont conservés, les communautés et les particuliers ne peuvent aussi s'attribuer que ceux qu'ils avoient auparavant, ou qui leur ont été nommément accordés depuis par les décrets.

Cette vérité bien entendue suffit pour résoudre toutes les questions.

Décret sur la liquidation des rentes ci-devant seigneuriales, du 23 décembre 1790, sanctionné le 5 janvier 1791.

L'Assemblée nationale, considérant que des circonstances postérieures au décret du 3 mai, l'ont conduite à insérer dans le décret du 18 du présent mois, quelques dispositions relatives à la forme et à la liquidation du rachat des rentes foncières qui sont nouvelles, ou un peu différentes de celles qui doivent être prescrites par la liquidation du rachat des rentes ci-devant seigneuriales et des droits casuels, ci-devant féodaux, et qu'il est essentiel de ramener les formes à l'uniformité, autant que la nature de ces rentes et redevances peut le permettre, a décrété ce qui suit :

Art. Ier. La liquidation du rachat des rentes ci-devant seigneuriales, et des droits casuels dépendans des ci-devant fiefs appartenans à la nation, ne pourra être faite que par les assemblées administratives du district dans l'arrondissement duquel se trouve situé le fief dont lesdites rentes et lesdits droits seront dépendans, ou par leurs directoires, sous l'inspection et l'autorisation des assemblées administratives de leur département ou de leur directoire. Le paiement du prix dud. rachat ne pourra être fait qu'à la caisse du district dudit arrondissement, et le directoire du district sera tenu de faire verser le prix dans la caisse de l'extraordinaire.

Art. II. La disposition de l'article précédent aura lieu indistinctement et sauf les seules exceptions ci-après, à l'égard des rentes et droits dépendans des ci-devant fiefs appartenans à la nation, à quelque établissement, corps ou bénéfices et offices supprimés qu'elles appartinssent, encore qu'il s'agit d'établissemens dont l'administration a été conservée provisoirement ou autrement par les précédens décrets, et notamment par celui du 23 octobre dernier, soit à des municipalités, soit à certains administrateurs de fondations, séminaires, colléges, fabriques, établissemens d'études, bénéfices actuellement régis par l'économie générale du clergé; enfin, à certains ci-devant ordres religieux ou religieuses, même à l'egard des rentes et droits appartenans aux établissemens protestans, mentionnés en l'article 16 du titre premier du décret du 23 octobre dernier.

A l'égard de tous lesquels droits et rentes, la liquidation du rachat ne pourra être faite que par les administrateurs de district et de département, et le prix du rachat ne pourra être versé qu'en la caisse du district ainsi qu'il a été dit ci-dessus, à peine de nullité desdits rachats.

Art. III. Sont exceptés des dispositions des deux articles précédens, les rentes et droits ci-devant dépendans des fiefs connus sous le titre de domaines de la couronne, ou des fiefs ci-devant appartenans aux appanagistes aux engagistes, et aux échangistes, dont les échanges ne sont point encore consommés.

La liquidation du rachat desdites rentes et desdits droits sera faite, jusqu'à ce qu'il en ait été autrement ordonné par les administrateurs de la régie actuelle des domaines, ou par leurs préposés, à la charge, 1o. par eux de se conformer aux taux prescrits par le décret du 3 mai; 2o., que les liquidations seront vérifiées et approuvées par les administrations des districts et départemens, dans l'arrondissement desquels se trouvera situé le fief dont dépendront les rentes et les droits; 3o., de compter par les administrateurs de la régie du prix desdits rachats, et de le verser au fur et mesure dans la caisse du district dudit arrondissement, qui le reversera dans la caisse de l'extrordinaire.

Il en sera de même des ci-devant fiefs tenus en pariage (1) avec le Roi, et à l'égard desquels la liquidation des droits en dépendans, se fera pareillement par les administrations de la régie actuelle des domaines, ou leurs preposés, sauf à ne verser à la caisse de l'extraordinaire que la portion qui en reviendra à la nation; et à compter du surplus aux légitimes propriétaires, lesquels seront appellés à la liquidation.

A l'égard des ci-devant fiefs qui étoient tenus en pariage avec les gens de main-morte, la liquidation des droits en dépendant, se fera par les directoires de district, sous l'inspection des directoires des départemens, sauf aux directoires de district à ne verser dans la caisse de l'extraordinaire que la portion du prix revenante à la nation, et à compter du surplus aux légitimes propriétaires, lesquels seront appellés à la liquidation.

(1) *Pariage, accompagnement ou association.* On appelloit ainsi la possession par indivis des mêmes domaines, seigneuries ou justices. . . Plusieurs fiefs et justices étoient tenus *en pariage*, avec le roi et les gens de main-morte : cette société a eu pour cause la protection du roi et des grands vassaux, qui, pour prix de cette protection, jouissoient d'une portion des terres de ceux qui la réclamoient. Voyez sur l'origine des *pariages, la Roche flavin, des droits seigneuriaux*, ch. 24. et de Laurière, dans ses notes sur le Glossaire de Ragueau.

Sont pareillement exceptés les rentes et droits dépendans des ci-devant fiefs appartenans aux commanderies, dignités et grands prieurés de l'ordre de Malthe ; lesdits rachats, jusqu'à ce qu'il en ait été autrement ordonné, pourront être liquidés par les titulaires actuels, à la charge, 1°. de se conformer aux taux prescrits par le décret du 3 mai; 2°. de faire vérifier et approuver la liquidation par les administrations de district et de département, dans l'arrondissement desquels se trouveront situés les manoirs ou chefs-lieux desdites commanderies, dignités ou grands prieurés; 3°., de verser le prix dudit rachat au fur et mesure dans la caisse du district dudit arrondissement, qui le reversera dans la caisse de l'extraordinaire.

ART. V. Les administrateurs des établissemens françois, et les évêques et curés françois qui possedent des fiefs situés en pays étrangers, ne pourront recevoir aucun remboursemens des rentes et droits dépendans desdits fiefs, quand même il leur seroit volontairement offert, à peine de restitution du quadruple, en cas de contravention; la liquidation du rachat desdites rentes et desdits droits, s'il étoit offert volontairement, ne pourra être faite que par les assemblées administratives du district et du département dans l'arrondissement desquels se trouveront les manoirs desdits bénéfices ou les chefs-lieux desdits établissemens, sous l'inspection et l'autorisation des assemblées administratives du département, et le prix du rachat sera versé dans la caisse de l'extraordinaire, ainsi qu'il est dit en l'article premier ci-dessus.

Ce décret contient deux autres articles rapportés page 161 et 162, à la même date du 23 décembre 1790.

Décret du 12 janvier 1791.

Les coutumes, statuts, usages ou jurisprudence qui accordoient une autorité et une foi en justice aux cueilloirs ou cueillerets ci-devant tenus pour la perception des ci-devant droits seigneuriaux et des rentes foncières, sont et demeurent abrogés à l'avenir; lesdits cueilloirs ou cueillerets ne seront plus regardés que comme des registres purement domestiques, encore qu'ils eussent été affirmés.

Dixmes inféodées.

Décret du mardi soir, 18 janvier 1791.

L'Assemblée nationale a décrété ce qui suit :

Art. Ier. Les possesseurs des dixmes inféodées à titre d'engagement, ne pourront être remboursés que sur le pied de la finance de l'engagement.

Art. II. A l'effet de distinguer si les possesseurs des dixmes inféodées étoient propriétaires incommutables ou engagistes, toutes les demandes en liquidation d'indemnités pour suppression de dixmes inféodées, seront communiquées par les corps administratifs à l'administration des domaines, pour avoir son avis.

Art. III. Les membres de l'administration des domaines seront tenus d'expliquer, au plus tard, dans le délai de 2 mois, sur ces demandes. Leur avis sera visé dans l'arrêté de liquidation des corps administratifs; et les greffiers des chambres des comptes et autres dépositaires publics seront tenus de leur communiquer, à toutes réquisitions, les pièces et renseignemens relatifs à la propriété des dixmes inféodées qui seroient en leur pouvoir.

Voyez l'instruction pratique, art. *dixmes inféodées.*

Décret du 30 janvier.

L'Assemblée nationale décrète ce qui suit :

Art. I. Dans les pays et les lieux où les mutations par donation, soit entre vifs, soit testamentaires, donnent ouverture aux mêmes profits seigneuriaux, que les mutations par vente ; le rachat du droit dû pour les unes et les autres, ne pourra se faire qu'en payant les cinq trente-sixièmes de ce droit, outre la quotité réglée par l'article 25 des lettres-Patentes du 9 mai 1790, intervenue sur le décret du 3 du même mois.

Voyez l'instruction pratique et l'article 25 ci-dessus.

Du 3 février 1791.

Art. II. Les ci-devant seigneurs, de qui relevoient des biens nationaux grevés envers eux de droits de mutation, suivant les distinctions établies par l'article 40 du décret du 3 mai 1790, recevront immédiatement après, les ventes faites en exécution des décrets des 14 mars, 25 juin et 3 novembre suivans, et sur les fonds qui y seront destinés le montant du rachat desdits droits, sans pouvoir rien prétendre à titre des droits échus en vertu desdites ventes.

Art. III. Le rachat sera liquidé d'après les dispositions du décret du 3 mai 1790, et, s'il y a lieu, d'après celles de l'article premier du présent décret, et les droits qu'il s'agira de racheter, seront évalués sur le prix desdites ventes.

Art. IV. Tout particulier à qui il sera dû un rachat de cette nature, sera tenu pour en obtenir la liquidation, de remettre ses Mémoires, titres et pièces justificatives au secrétariat du directoire du district où auront été vendus les biens ci-devant tenus de lui en fief ou censive, lequel les fera passer, avec son avis, au directoire du département, qui, après les avoir vérifiés et pris un arrêté en conséquence, enverra le tout à la direction générale de liquidation.

Art. V. Il en sera usé de même, pour parvenir à la liquidation des autres droits ci-devant seigneuriaux et fonciers, du rachat desquels la nation s'est pareillement chargée par l'article 7 du titre premier du décret du 14 mai 1780; et lorsque, d'après les règles tracées par le décret du 3 du même mois, il y aura lieu à des expertises, pour fixer le montant de ces droits; ces experts seront nommés, savoir : un par le directoire de district qui aura vendu les biens précédemment grevés desdits droits, un par le particulier à qui sera dû le rachat, et le tiers-expert, s'il en est besoin, par le directoire de département.

Du 11 février 1791.

Sur le droit seigneurial de troupeau à part.

ART. VI. Le droit seigneurial, connu dans la ci-devant province de Lorraine et Barrois, sous le nom de droit de *troupeau à part* (1), est aboli, à compter du jour de la publication des lettres-patentes du 3 novembre 1789, intervenues sur les décrets des 4, 6, 7, 8 et 11 août précédent, sauf aux ci-devant seigneurs à user des droits de pâturage dans les territoires où ils ont des habitations ou propriétés foncières, en se conformant aux mêmes règles que les autres propriétaires et habitans, et sans rien innover, quant à présent, aux règlemens ou usages de différens lieux relativement à la faculté laissée, ou à la défense faite à ceux-ci, de faire garder leurs troupeaux par des bergers ou pâtres particuliers.

(1) TROUPEAU A PART. Droit qu'avoient les seigneurs haut-justiciers de Lorraine, d'avoir un troupeau de bestiaux particulier, et séparés de celui de la communauté; il ne faut pas confondre ce droit *seigneurial*, qui *seul* est supprimé, avec la faculté laissée par les usages, arrêts ou réglemens dans certains lieux à des particuliers, d'avoir un berger ou pâtre particulier.

ART. VII. En conséquence, les particuliers qui, dans la ci-devant province de Lorraine ont été, par le décret du 9 mai 1790 (1), maintenus provisoirement dans la jouissance des baux du droit de troupeau à part, à eux accordés par les ci-devant seigneurs, ne pourront payer qu'entre les mains des trésoriers des municipalités, dont les droits ont été réservés par ce décret, les portions de leurs fermages, qui sont échues depuis la publication.

(1) *Décret du 9 mai.* Par ce décret, sanctionné le 16 dudit mois, il avoit été ordonné que les baux passés aux sieurs Karcher, Braun, et autres particuliers de la Lorraine allemande, du droit *de troupeau à part*, seroient exécutés jusqu'au 11 novembre 1790, en conséquence ces fermiers avoient été autorisés à continuer de mettre séparément, sur la pâture des territoires où ils en avoient le droit, et jusqu'à due concurrence, les troupeaux à eux appartenans; il avoit été fait défenses de les troubler par voie de fait dans l'exercice dudit droit, sous telles peines qu'il appartiendroit, et en outre de leurs dommages intérêts, desquels demeureroient solidairement responsables ceux qui pourroient y apporter empêchement, à la charge par lesdits fermiers, dans le cas où ledit droit de troupeau à part viendroit à cesser avant ladite époque du 11 novembre, de payer proportionnellement aux communautés intéressées, par forme d'indemnité, le prix de leur fermage, sans entendre rien préjuger sur le droit de troupeau à part sur lequel l'Assemblée nationale s'étoit réservé de prononcer.

Art. VIII. Quant aux portions desdits fermages qui étoient échues dans l'intervalle de la publication des lettres-patentes du 3 novembre 1789, à celle du décret du 9 mai 1790, les fermiers qui les doivent encore, les paieront pareillement auxdites municipalités; mais ils ne pourront être inquiétés pour celles qu'ils auront payées entre les mains des ci-devant seigneurs, sauf aux communautés à poursuivre la restitution contre ceux-ci, sans néanmoins que sous prétexte, soit du présent article, soit du précédent, il puisse être formé aucune répétition contre ceux des ci-devant seigneurs qui ont joui en nature de droit de troupeau à part, depuis la publication des lettres-patentes du 3 novembre 1789.

Art. IX. Dans le cas où les ci-devant seigneurs auroient affermé le droit de troupeau à part, conjointement avec d'autres biens ou d'autres droits non abolis par le décret de l'Assemblée nationale, sans distinction de prix, il sera procédé à une ventilation à l'amiable ou par experts, pour déterminer les sommes que les fermiers auront à payer aux communautés, pour le droit de troupeau à part, et celles qu'ils auront à payer aux ci-devant seigneurs, pour les autres biens ou droits; toutes poursuites contre lesdits fermiers demeurant en état, jusqu'à ce que ladite ventilation soit faite et arrêtée définitivement.

Art. X. Les dispositions des quatre articles ci-dessus sont communes à tous les pays et lieux, autres que la ci-devant province de Lorraine, où, jusqu'à l'époque de la supression du régime féodal, le droit de troupeau à part, et tous autres droits de même nature, sous quelque dénomination qu'ils soient connus, ont été considérés comme seigneuriaux.

Art. XI. Sont néanmoins exceptés desdites dispositions, tant dans la ci-devant province de Lorraine que par-tout ailleurs, les territoires où il sera prouvé dans la forme déterminée par l'art. 19 du tit. 2 du décret du 15 mars 1790; que le droit de troupeau à part a eu pour cause, une concession de fonds en propriété ou à titre d'usage, faite par le ci-devant seigneur à la communauté des habitans; ce qui aura pareillement lieu, lorsqu'il sera prouvé dans ladite forme, qu'il a eu pour cause une remise des droits de la nature de ceux que les décrets de l'Assemblée Nationale ont maintenus jusqu'au rachat; et dans ce dernier cas, il sera rachetable au taux et selon le mode réglé par le décret du 3 mai 1790.

Art. XII. Sont et demeurent communes à tout le royaume les dispositions des anciens réglemens énoncés dans l'article 18 du décret du 3 mai 1790, qui laissent aux communautés d'habitans de quelques unes des ci-devant provinces, la faculté de ne payer pour le rachat des bannalités établies sur elles, soit à prix d'argent, soit en paiement d'arrérages par elles dus pour dettes constituées ou foncières, que les sommes principales qu'elles ont reçues, ou dont la remise leur a été faite pour l'établissement desdites bannalités.

Art. XIII. Pourront à l'avenir s'intenter par simple requêtes, et s'instruire comme procès ordinaires, toutes les actions ci-devant sujettes aux formalités d'ajour (1), clain (2), plainte à loi, plainte propriétaire (3), et autres tenantes au système féodal, sans que dans les lieux ou ces formalités étoient indispensables pour pouvoir agir en justice dans les matières pour lesquelles elles avoient été introduites, les défendeurs puissent exciper d'aucune prescription acquise, depuis la cessation absolue des fonctions des officiers des justices seigneuriales, opérée par l'installation des tribunaux de district jusqu'à la publication du présent décret, et sans préjudice des saisies qui continueront d'être autorisées dans le cas de droit ou indiquées par les coutumes.

(1) Ajour, ce mot usité dans quelques coutumes, est sinonyme avec *ajournement*. Voyez art. 48 de la coutume du chef-lieu de Valenciennes, où il est employé pour exprimer, signifie l'ensemble des poursuites qui se font par le créancier hypothécaire d'une rente dont il lui est dû trois termes d'arrérages.

(2) Clain, terme employé par les coutumes de Flandre, de Cambresis et du Hainaut, pour exprimer *une saisie*. Il dérive de *clamare, crier*. Il y avoit deux sortes de clains, l'un réel qui se pratiquoit sur les meubles et héritages du débiteur, et l'autre personnel qui s'exerçoit sur sa personne.

(1) Plainte a loi, *plainte propriétaire, &c.* Le mot *plainte* est fréquemment employé dans les chartres et coutumes de Hainaut, pour désigner une action purement civile; il y avoit entre la plainte et la requête, la même différence que le droit commun admet entre l'action réelle et l'action personnelle, celle-ci s'intentoit par requête, l'autre par plainte. On ne pouvoit agir par plainte que devant les officiers de la cour féodale dominante, la requête se présentoit aux juges royaux et seigneuriaux. — On appelloit *plaintes propriétaires* celles qui avoient lieu *pour exécution, pour pensions ou dettes, droits*

seigneuriaux, *partages*, *possessions*, et autres concernant propriété; — elles avoient des dé ominations différentes suivant leur objet. — On les nommoit plainte d'arrêt, plainte de cens et loi, plainte de cerquemanage, plainte d'exécution, plainte impartable, plainte de partage, plainte de querelle atteinte, plainte de rétablissement, plainte de rachat. Voyez les coutumes de Hainaut, de Mons, &c. On oppelloit *plainte à loi*, une espèce de *clain* ou *saisie* introductive d'instance.

Art. XIV. Provisoirement et jusqu'à ce qu'il en ait été autrement ordonné, les consignations qui, dans quelques coutumes devoient, en certains cas, s'effectuer entre les mains des ci-devant mayeurs (1), baillis ou autres officiers seigneuriaux, se feront à l'avenir sans frais, aux greffes des tribunaux de districts.

(1) *Mayeur*, mot sinonyme avec *maire*, dont on se servoit communément dans les pays-bas, pour désigner celui des membres d'une jurisdiction échevinale qui avoit en main la force coactive ou puissance publique.

Les mayeurs étoient sequestres et dépositaires de deniers en certains cas, expliqués aux articles 99, 100, et autres de la coutume de Valenciennes.

Art. XV. Sont abolies, à compter du jour où ont été installés les tribunaux de de districts, toutes les loix et coutumes qui, pour la validité même intrinsèque des donations et testamens, les soumettent à la nécessité d'être ou passés, ou recordés, ou reconnus, ou réalisés, soit avant, soit dans un certain délai après la mort des donateurs ou testateurs, en présence d'échevins, hommes de fief juré de cattel (1), et autres officiers seigneuriaux; et dans les pays soumis auxdites loix et coutumes, il suffit, pour la validité de ces actes, à compter de l'époque ci-dessus, qu'ils aient été ou soient passés par-devant deux notaires, ou un notaire et les deux témoins, ou même, à l'égard des testamens, en forme olographe, sans que le défaut de la transcription au greffe, substituée par l'article 3 du décret des 17 et 19 septembre 1790, aux dessaisines, saisines, déshéritances, adhéritances, reconnoissances échevinales, et autres formalités de cette nature, puisse dans aucun des ci-devant pays de nantissement, être opposé aux donataires ou légataires par les héritiers des donateurs ou testateurs.

(1) *Jurés de Cattel*; étoient dans la coutume de Valenciennes, des officiers sermentés qui avoient pouvoir de passer toutes sortes de conventions mobiliaires, ils pouvoient recevoir les testamens qui se faisoient des biens de nature mobiliaire. — On appelloit dans les coutumes des pays-bas, *hommes de fiefs*, les propriétaires de fiefs ou leurs représentans en tant qu'ils remplissoient dans la cour de leur seigneur dominant les fonctions de la justice. Les hommes de fiefs assistoient à la passation des contrats. Voyez au reste ce qui a été dit sur l'art. 13 du décret du 15 mars 1790.

ART. XVI. Sont pareillement abolis, à compter de l'époque fixée par l'article précédent, toutes les loix et coutumes qui exigeoient, pour la validité, de certains actes ou exploits, la présence ou l'intervention d'aucuns des officiers ci-dessus désignés; et il suffit pour la validité de ces actes ou exploits, qu'ils soient faits par des notaires ou des huissiers, suivant la distinction et les règles établies par le droit commun du royaume.

Art. XVII. Tous actes de desaisine, saisine, déshéritance (1), adhéritance, et autres, attribués par les anciennes loix au ministère exclusif des officiers seigneuriaux qui, dans l'intervalle de la publication des décrets du 4 août 1789, à celle des décrets des 17 et 19 septembre 1790, auront été faits en présence des nouvelles municipalités, auront le même effet que s'ils l'avoient été en présence des anciens échevins, ou autres officiers des justices seigneuriales.

(1) Voyez page 38 du commentaire, le décret des 17 et 19 septembre ne forment qu'un seul et même décret sur diverses matières. Voyez pages 36, 38 et 96, du comment.

Art. XVIII. Sont pareillement abolies, sauf le cas où il seroit prouvé de la manière énoncée en l'article XI ci-dessus, qu'elles ont eu pour cause une concession de fonds, ou de remise de droits déclarés rachetables, les redevances connues sous le nom de blairie (2), et généralement toutes celles que les ci-devant seigneurs haut-justiciers se faisoient payer, pour raison de la vaine pâture : ensemble le droit qu'ils s'étoient attribués en certains lieux, d'admettre les forains à la jouissance de ladite vaine pâture, dans l'étendue de leur justice.

[2] *Blairie* ou *blérie*, c'est un droit ou une redevance que le seigneur haut justicier prenoit sur tous les habitans d'une paroisse pour raison de la vaine pâture des héritages : en Nivernois on nomme *blairie* le droit même de vaine pâture, la coutume de cette province en parle beaucoup.

Les vaines pâtures sont les grands chemins, les prés après la fauchaison, les guérets et terres en friches, les bois de haute futaie, les bois taillis après le quatrième ou cinquième bourgeon, et généralement tous les heritages ou il n'y a ni semences ni fruits, et qui par la loi ou l'usage du pays, ne sont pas en défends. Dictionn. de BRILON. V°. *pâturage*.

Du 15 février.

ART. XIX. Les redevances connues sous le nom de messeries (1), ou sous tous autres que les ci-devant seigneurs justiciers exigeoient en certains lieux pour la faculté par eux accordée aux habitans, de faire garder les fruits de leurs terres, sont également abolies sans indemnité.

[1] *Messeries* de *messier*, nom qui se donne à des particuliers commis pour garder les fruits de la terre et empêcher qu'on n'y fasse du dommage.

ART. XX. Sont pareillement valides, à compter de leurs dates respectives, toutes les transcriptions de contrats ou autres actes qui, dans les ci-devant pays de nantissement, ont pu être faites au greffe des tribunaux de district en conformité de l'Article III, du décret des 17 et 19 septembre 1790, antérieurement à la publication officielle de cette loi.

ART. XXI. Les suppressions prononcées par les deux articles précédens auront leur effet à compter de l'époque déterminée par l'article ci-dessus.

Fin des décrets rendus jusqu'au 16 février 1791.

ART. XXII. Dans les pays et les lieux où les dots sont aliénables du consentement des femmes, si le rachat des droits 22 février.

Nota. Les décrets qui suivent, n'étoient pas rendus lors de l'impression de ce livre ; nous les aurions renvoyés à la troisième partie de notre ouvrage, s'ils n'eussent pas contenu des dispositions aussi essentielles à connoitre pour la pratique des rachats ; ces décrets d'ailleurs sont tellement défigurés dans tous les journaux, que les lecteurs nous sauront gré de leur rapporter la loi telle que nous l'avons puisée nous-même dans les minutes des procès-verbaux de l'Assemblée nationale. Ce n'est pas néanmoins qu'il ne se glisse quelquefois des erreurs au procès-verbal même ; il arrive aussi que l'Assemblée modifie ou change quelques articles, et ces changemens ou modifications épars dans des procès-verbaux, ne sont pas remarqués ni saisis par les journaux ; d'un autre côté, l'ordre des divers articles des décrets change aussi quelquefois par l'intercallation de nouveaux articles postérieurement décrétés ; toutes ces observations nous conduisent à dire qu'on ne pourra bien régulièrement classer les loix sur chaque matière qu'après la clôture de la séance de l'Assemblée actuelle, alors les procès-verbaux auront été revus et corrigés.

Il pourra donc se faire que les décrets, tels que nous les rapportons, se trouvent placés dans un ordre différent, (ce qui ne change rien à la loi,) ou que quelques articles soient ajoutés par la suite. Par exemple, nous allons rétablir une disposition ajoutée à l'article 15 ci-dessus, page 205 ; ligne cinquième, après ces mots, en *forme olographe*, lisez : » *sans préjudice* quant à présent du statut delphinal, ou autre loi semblable concernant les formalités des donations entre vifs, pour lesquelles le juge de paix sera subrogé à l'officier seigneurial. «

Plus : placez l'article 20 de la page 207 entre les articles 17 et 18 page 206, et l'article 21 sera relatif aux articles 18 et 19 en ajoutant le chiffre 6 obmis après le mot *article* de la dernière ligne de la page 207.

ci-devant seigneuriaux ou fonciers dûs à une femme mariée, n'est point fait en sa présence ou de son consentement, le mari ne pourra le recevoir qu'en la forme et au taux prescrits par le décret du 3 mai 1790, et à la charge d'en employer le prix. Le redevable qui ne voudra point demeurer garant du remploi, pourra consigner le prix du rachat, lequel ne pourra être délivré au mari qu'en vertu d'une ordonnance du tribunal de district, rendue sur les conclusions du commissaire du roi, auquel il sera justifié du remploi.

Cet article 22 doit être intercallé entre les articles V et VI ci-dessus.

Ensuite de l'article 15 ci-dessus, lisez : « ni empêcher soit qu'un testament ait son effet à l'égard des immeubles dont le testateur n'auroit pas ordonné ou le légataire poursuivi la vente dans le délai fixé par les coutumes, soit qu'un créancier muni d'un titre exécutoire fasse décréter et vendre les biens fonds de son débiteur.

Ensuite de l'article 17, lisez : auront également le même effet que s'ils étoient émanés des justices seigneuriales ou ordinaires, tous les jugemens rendus, et actes de juridiction contentieuse faits jusqu'à l'installation des tribunaux de district, qu'on pourroit prétendre n'avoit pas été autorisés par le décret du 29 décembre dernier.

Ensuite de l'article 20, devenu le dix-huitième, lisez : il ne pourra être exigé dans le cas des transcriptions ci-dessus, ni pour toute autre formalité qui pourroit y être substituée par la suite à l'effet d'acquérir l'hypothèque, aucun des droits de lods, milods, quint, demi-quint, éterlin et autres que les ci-devant seigneurs ou leurs officiers percevoient pour les actes d'hypothèques constitués par desaisine, saisine, déshéritance, adhéritance, rapport, mise de fait ou main assise.

Ces additions ont été décrétées le 26 février.

Art. XXIII. Tous les droits honorifiques et toutes les distinctions ci-devant attachées, tant à la qualité de seigneur justicier qu'à celle de patron, devant cesser respectivement par la suppression des justices seigneuriales, prononcée le 4 août 1789, et par la constitution civile du clergé, décrétée le 12 juillet 1790, les ci-devant seigneurs-justiciers et patrons seront tenus, dans les deux mois de la publication du présent décret, et chacun en ce qui le concerne, 1°. de faire retirer des chœurs des églises et chapelles publiques, les bancs ci-devant patronaux et seigneuriaux qui peuvent s'y trouver ; 2°. de supprimer les litres et ceintures funèbres, tant à l'intérieur qu'à l'extérieur des églises et des chapelles publiques ; 3°. de faire démolir les fourches patibulaires et piloris ci-devant érigés à titre de justice seigneuriale.

Art. XXIV. Dans la huitaine qui suivra l'expiration du délai de deux mois indiqué par l'article précédent, le maire de chaque municipalité sera tenu de donner avis au commissaire du roi du tribunal de district, de l'exécution ou non exécution du contenu audit article, et en cas de non exécution, le commissaire du roi sera tenu de requérir, dans la huitaine suivante, une ordonnance du tribunal pour autoriser la municipalité à effectuer les suppressions et démolitions ci-dessus prescrites, et ce, aux frais de la commune qui demeurera propriétaire des matériaux en provenans.

ART. XXV. Les dispositions des deux articles précédens, relatives aux bancs placés dans les chœurs par les ci-devant seigneurs-justiciers et patrons, sont communes au bancs qui ont pu être placés dans les nefs et chapelles collatérales par droit de fief, de patronage, de justice seigneuriale, ou par tout autre privilège, sauf aux ci-devant patrons, seigneurs ou privilégiés, à suivre les anciens réglemens et usages concernant les bancs occupés par des particuliers, et auxquels il n'est rien innové quant à présent.

Ainsi les personnes dénommées en cet article pourront avoir des bancs comme les autres particuliers.

ART. XXV. *bis*. Le droit seigneurial et exclusif d'avoir des girouettes sur les maisons est aboli, et il est libre à chacun d'en placer à son gré et dans telle forme qu'il jugera à propos.

ART. XXVI. Les droits de déshérence d'aubaine, de bâtardise, d'épaves, de trésor trouvé, et celui de s'approprier les terres vaines et vagues ou gastes, landes, biens hermes ou vacans, garrigues, flégards et wareschaix, n'auront plus lieu en faveur des ci-devant seigneurs, à compter de la publication du décret du 4 août 1789. Les ci-devant seigneurs demeurant, à compter de la même époque, déchargés de l'entretien des enfans exposés, et néanmoins les terres vaines et vagues, landes, biens vacans, garrigues, flégards et wareschaix, dont les ci-devant seigneurs ont pris publiquement possession avant la publication des décrets du 4 août 1789, en vertu des loix coutumes, statuts, ou usages locaux lors existans, leur demeurent irrévocablement acquis, sous les réserves ci-après.

Art. XXVII. Les ci-devant seigneurs-justiciers seront censés avoir pris publiquement possession desdits terreins, à l'époque désignée par l'article précédent, lorsqu'avant cette époque ils les auront, soit inféodés, accensés, ou arrentés, soit clos de murs, de haies ou de fossés, soit cultivés ou fait cultiver, plantés ou fait planter, soit mis à profit de toute autre manière, pourvu qu'elle ait été à titre de propriété exclusive ; ou à l'égard des biens abandonnés par les propriétaires, lorsque les ci-devant seigneurs-justiciers auront fait les publications, et rempli les formalités requises par les coutumes pour la prise de possession de ces sortes de biens.

Art, XXVIII. Il n'est préjudicié, par les deux articles précédens, à aucun des droits de propriété ou d'usage, que les communautés d'habitans peuvent avoir sur les terreins y mentionnés ; et toutes actions leur demeurent réservées à cet égard, l'Assemblée nationale chargeant les comités de constitution, des domaines et d'agriculture, de lui présenter incessamment leurs vues sur la nature des preuves d'après lesquelles doivent être fixés ces droits.

L'Assemblée nationale a déclaré à l'occasion de cet article que son intention étoit de conserver aux communautés les droits qu'elles pouvoient avoir sur les places, marchés, fossés et murs des villes dont les ci-devant seigneurs s'étoient emparés depuis moins de quarante ans ou avoient fait des concessions depuis cette époque, cette déclaration est consignée au procès-verbal du 22 février 1790.

Art. XXIX. Sont également réservés, sur lesdits terreins, tous les droits de propriété et autres qui peuvent appartenir, soit à des ci-devant seigneurs de fiefs, en vertu de titres indépendans de la justice seigneuriale, soit à tous autres particuliers.

Art. XXX. Tout ci-devant seigneur qui justifiera tout à la fois qu'à une époque remontante au-de-là de quarante ans il a planté ou fait planter et que depuis il a possédé des arbres dans des marais, prés et autres biens appartenans à une communauté d'habitans, conserve la propriété et libre disposition de ces arbres, sauf à cette communauté à les acheter sur le pied de leur valeur actuelle, à la forme du décret du 26 juillet 1790, ce qui aura pareillement lieu à l'égard des arbres plantés et possédés par le ci-devant seigneur, depuis une espace de temps au-dessous de 40 ans, par remplacement d'arbres qu'il justifiera avoir été antérieurement à 40 ans plantés, et tout à la fois possédés par lui ou ses auteurs.

ART. XXXI. Quant aux arbres plantés par un ci-devant seigneur, sur des biens communaux, depuis un espace de tems au-dessous de 40 ans, sans qu'ils l'aient été par remplacement, ainsi qu'il vient d'être dit, ils appartiennent à la communauté, en remboursant par elle les frais de plantation ; et à la charge de se conformer à l'article X du décret du 26 juillet 1790.

ART. XXXII. Sont abolis sans indemnité, les droits de rut du bâton, de course sur les bestiaux dans les terres vagues, de carnal, de vitée, de vif-herbage, de mort-herbage, ainsi que les redevances et servitudes qui en seroient représentatives, et généralementtous les droits ci-devant dépendans de la justice et police seigneuriale.

Le vif et mort-herbage est connu dans les coutumes d'Amiens, Boulogne, Ponthieu etc., il se percevoit sur les bêtes à laine, le vif-herbage se payoit en nature et le mort-herbage en deniers.

ART. XXXIII. Ceux qui ont acquis du roi des justices seigneuriales, soit par engagement, soit par vente pure et simple, sans mélange d'autres biens ni d'autres droits encore existans, seront rembour-sés par la caisse de l'extraordinaire, des sommes versées par eux ou par leurs auteurs, au trésor public; à l'effet de quoi, ils remettront leurs mémoires, titres et pièces justificatives, à l'administration des domaines, qui, après les avoir vérifiés, les fera passer avec son avis, préalablement examiné, et s'il y a lieu, approuvé par les directoires de district et de département des chefs-lieux desdites justices, au bureau de la direction générale de liquidation.

Décret du 23 février, concernant les jeux de fief.

L'Assemblée nationale avoit, lors des décrets rendus sur le rachat des droits féodaux, obmis de prononcer sur divers points essentiels; l'exécution de ces décrets n'a pas tardé à faire sentir le vuide de la loi; il s'est élevé des difficultés majeures, qu'un décret seul pouvoit lever; ces obmissions sont presque toutes plus ou moins directement relatives au *jeu de fief*; il faut donc dire un mot sur ce qu'on entendoit par ces expressions en matière féodale, et expliquer quelle influence peuvent avoir les principes du jeu de fief sur le mode et le taux du rachat: la théorie de ces principes est abstraite, il est vrai, mais ceux qui possédoient des fiefs en sentiront aisément l'application.

Par jeu de fief, on entendoit la faculté qu'avoit le propriétaire d'un fief d'en aliéner une portion, non seulement sans que cet acte pût opérer aucun droit en faveur du fief supérieur, mais encore de manière que les mutations qui arriveroient ensuite dans la portion aliénée, ne produisoient plus de droits au profit du seigneur supérieur, et que ces droits appartenoient au contraire au propriétaire du fief inférieur. (Rapport du comité où cette discussion est puisée).

Cette interversion se faisoit par les actes connus sous le

titre de *sous-inféodation* ou *d'accensement*; de même que Pierre avoit reçu de Jean un domaine, à la charge de le tenir de lui sous la charge de la foi et hommage, et de lui payer certains droits aux mutations, Pierre cédoit à Paul, sous les mêmes charges, une portion du domaine qu'il tenoit de Jean; en sorte qu'au lieu de deux fiefs qui existoient précédemment, il s'en formoit trois, celui de Jean, supérieur; celui de Pierre tenu de Jean, et supérieur à celui de Paul, formé par la portion qui lui avoit été sous inféodée, et laquelle, par cette opération, se trouvoit reculée d'un degré à l'égard du premier fief, qui n'avoit plus de mouvance que sur la portion réservée par Pierre.

Ces jeux de fiefs faisoient tort aux propriétaires de fiefs supérieurs, qu'ils privoient des droits qui leur auroient appartenu sur les portions retirées de leurs mouvances en cas de mutation.

La plupart des coutumes, lors de leurs rédactions ou réformations, avoient établi diverses règles pour limiter ou restreindre le jeu de fief indéfini, que permettent trois ou quatre coutumes. (Voir les dispositions de la coutume dans laquelle on se trouve.)

Il y a des coutumes muettes sur la question, et on peut y joindre les pays de droit écrit, qui n'ont point en général de statuts féodaux, et n'ont que des usages fondés sur la jurisprudence.

Cette diversité de coutume et d'usage sur les principes du jeu de fief, faisoit naître trois questions; 1°. le propriétaire d'un fonds fief, qui avoit toujours eu le droit de vendre une portion de son fief, devoit-il être admis à diviser le rachat des droits casuels, et à ne faire ce rachat que pour une portion de ce qui compose le corps de son fief, où seroit-il obligé de racheter les droits casuels sur la totalité de son fonds? Cette première question a été décidée en faveur du rachat partiel, et il est bien essentiel de connoître ce décret à cause de l'article 3 du décret du 3 mai, qui semble juger le contraire. Mais on a obligé en meme temps le propriétaire à racheter la totalité des redevances fixes et annuelles qui étoient une charge solidaire et indivisible du fonds.

2°. Comment faudroit-il opérer pour liquider le rachat dû par le propriétaire d'un ci-devant fief, quant aux mouvances qui en dépendent, lorsqu'il voudra se racheter lui-même avant d'en avoir reçu le rachat de ceux qui tiennent de lui des fonds en fief, ou en censive ?

Ce cas n'avoit pas été prévu par le décret du 3 mai, qui ne parle du rachat de la part du propriétaire du fief, servant envers son seigneur dominant, que dans le cas où celui-ci a lui-même reçu le rachat de ses mouvances.

3°. Le mode et le taux du rachat dû par le propriétaire du fief inférieur, à raison des mouvances attachées à son fief, doivent-ils toujours être les mêmes, et dans la même proportion, soient que ces mouvances soient ou ne soient pas inféodées par le propriétaire du fief supérieur ?

Cette question étoit de la plus haute importance; on verra dans *l'instruction* du comité, que nous rapporterons à la suite du décret, quelle différence existe pour la valenr du rachat, entre une mouvance inféodée et une mouvance non inféodée.

On entend par sous-inféodations, ou accensemens inféodés ou non inféodés, les mouvances dépendantes du fief servant, qui ont été approuvées ou qui n'ont point été approuvées par le seigneur dominant, elles sont de deux sortes; les premières sont celles qui ont été attachées au fief servant lors de sa concession.

Exemple. Le propriétaire du fief A, en a détaché par une inféodation une portion sous le titre du fief B. Lors de cette concession, il a joint au domaine qu'il cédoit, la mouvance sur le fief C, et les cens sur les fonds D et E; cette mouvance attachée au fief B, est une mouvance approuvée et inféodée par le propriétaire du fief A.

La seconde espèce de mouvance, qui peut être attachée à un fief, est celle que le possesseur a formée lui-même, en se jouant d'une portion de son fief, et cette mouvance est inféodée ou non inféodée, selon que le seigneur dominant a consenti ou non le jeu de fief.

Exemple. Pierre, propriétaire du fief A, en a détaché cent arpens, qu'il a inféodés à Pierre, sous le titre du fief B. Pierre a détaché de son fief quarante arpens, qu'il a sous-inféodés à Jean, et trente autres arpens qu'il a accensés à Jacques, à Philippe. Si Paul a consenti et approuvé ces jeux de fief, la mouvance qui appartient au fief B, sur les soixante-dix arpens, est une mouvance inféodée : cette mouvance n'est point inféodée, si Paul n'a point approuvé ces jeux de fief, et alors il est censé conserver dans sa main les cent arpens, de sorte que s'il arrivoit une mutation, il percevroit ses droits, non sur les trente arpens seulement qui restoient à Pierre, mais à raison de la valeur qu'auroient les cent arpens possédés en domaine. Au contraire, si Paul avoit consenti au détachement des soixante-dix arpens, il ne pourroit percevoir les droits casuels qu'à raison de la valeur des mouvances ; ce qui doit en effet rendre le rachat bien différent dans les deux cas. Voyez au reste l'instruction du comité sur les articles 8 et 9 du décret, dont voici les dispositions :

Art. I. Tout propriétaire d'un ci-devant fief, lequel ne consistera qu'en domaines corporels, tels que maisons, terres, prés, bois, et autres de même nature, pourra racheter divisément les droits casuels dont il est grevé, pour telle portion qu'il jugera à propos, pourvu qu'il rachète en même-temps la totalité des redevances fixes et annuelles dont son fief pourroit être grevé, sans préjudice de l'exception portée au décret du 14 novembre, relativement aux fiefs mouvans des biens nationaux.

Nota. Ce décret du 14 Novembre est rappellé, *page 66 de l'instruction pratique.*

Art. II. Il en sera usé de même à l'égard des ci-devant fiefs qui ont sous eux des fonds tenus en fief ou en censive, ou roturièrement lorsque lesdites mouvances auront été inféodées par le propriétaire du fief supérieur, ou lorsque lesdits fiefs seront situés dans des pays où le seigneur supérieur ne conserve aucun droit utile immédiat sur les objets qui ont été sous-inféodés ou accensés par le propriétaire du fief inférieur, encore que le jeu de fief n'ait point été approuvé ou reconnu par le seigneur supérieur.

Art. III. Lorsqu'il dépendra du fief des mouvances qui n'auront point été inféodées par le ci-devant seigneur supérieur, et lorsque ce fief sera situé dans l'un des pays où le jeu de fief ne peut point porter préjudice à ce ci-devant seigneur supérieur, le propriétaire du fief inférieur ne pourra racheter partiellement les droits casuels sur les domaines qui sont restés dans sa main, que jusques à concurrence de la portion dont la loi qui régit le fief lui avoit permis de se jouer, en comprenant dans ce calcul les portions déja par lui accensées ou inféodées ; en telle sorte qu'il reste toujours dans sa main la portion entière que la loi l'auroit obligé de réserver, si mieux il n'aime racheter préalablement les droits casuels, à raison de la totalité des mouvances non-inféodées dépendantes de son fief, auquel cas, et après avoir effectué ledit rachat, il pourra racheter librement et partiellement le surplus de son fief, et pour telle portion qu'il trouvera à propos.

Art. IV. Dans le même cas où les mouvances ne seront point inféodées, et où le fief sera situé dans l'un des pays où les jeux de fief ne peuvent point porter préjudice au seigneur supérieur, si d'ailleurs le fief est régi par l'une des coutumes qui ne permettent point le jeu de fief à prix d'argent, mais seulement par bail à cens ou à rente, le propriétaire de ce fief pourra néanmoins vendre à prix d'argent telle portion des fonds qui sont restés en sa main, et en racheter partiellement les droits casuels, pourvu que les portions qu'il rachetera ou vendra, n'excèdent point les deux tiers du fief, en comprenant dans ces deux tiers les fonds déja sous-inféodés ou accensés ; si mieux il n'aime racheter préalablement les droits casuels, à raison de la totalité des mouvances non-inféodées, auquel cas, et après avoir effectué ledit rachat, il pourra racheter librement et partiellement le surplus de son fief, pour telle portion qu'il jugera à propos.

Art. V. Si les fiefs dont dépendent des mouvances non inféodées sont situés dans des pays où il n'existoit aucune loi positive sur la liberté du jeu de fief ; la faculté du rachat partiel se réglera par les mêmes principes que l'usage y avoit adoptés relativement au jeu de fief, en conséquence, dans ceux desdits pays où le jeu de fief n'étoit autorisé que jusqu'à concurrence d'une certaine quotité, le rachat partiel s'opérera conformément à ce qui est prescrit par l'article III ci-dessus ; dans ceux où le jeu de fief n'étoit admis que par bail à cens, et rente, le rachat partiel s'opérera conformément à ce qui est prescrit par l'article IV ci-dessus ; enfin, dans ceux ou le jeu de fief étoit autorisé indéfiniment, tant par rapport à la quotité, que quant au mode, le rachat partiel, pourra s'y faire librement pour telle portion que le propriétaire jugera à propos.

Art. VI. Le rachat partiel, dans les cas autorisés par

les articles 3, 4 et 5 ci-dessus, ne pourra avoir lieu que sous la condition de racheter en même-temps la totalité des redevances fixes et annuelles dont le fief pourroit se trouver chargé; sans préjudice de l'exception portée au décret du 14 novembre, relativement aux fonds mouvans des biens nationaux.

Art. VII. A l'égard des fonds ci-devant mouvans d'un fief en censive, ou roturièrement, tout propriétaire d'iceux en pourra racheter partiellement les droits casuels, à raison de telle portion desdits fonds qu'il jugera à propos, sous la seule condition de racheter en même-temps la totalité des redevances fixes et annuelles, ou solidaires, dont se trouvera chargé le fonds sur lequel le propriétaire voudra racheter partiellement les droits casuels, sans préjudice de l'exception portée au décret du 14 novembre, relativement aux fonds mouvans des biens nationaux.

Art. VIII. Lorsqu'il s'agira de liquider un rachat des droits casuels dûs à raison des mouvances dépendantes d'un ci-devant fief, et dont le rachat n'aura point été fait par le propriétaire ou les propriétaires des fonds tenus sous ces mouvances, et dans le cas où lesdites mouvances auront été inféodées, où seront dépendantes d'un fief situé dans un pays où ce jeu de fief portoit préjudice au seigneur supérieur, il y sera procédé ainsi qu'il suit :

Il sera fait d'abord une évaluation de la somme qui seroit due par le propriétaire ou par les propriétaires desdits fonds, selon qu'ils seront tenus en fief ou en censive, et conformément aux règles prescrites par le décret du 3 mai; et la somme qui résultera de cette première opération, formera la valeur de la propriété de ces mouvances.

Il sera ensuite procédé, conformément aux règles prescrites par le décret du 3 mai, et selon la nature et la quotité des droits dont se trouvera chargé le fief dont dépendront ces mouvances, à une seconde évaluation du rachat dû par le propriétaire de ces mouvances, eu égard a la valeur que leur aura donnée la première opération, et de la même manière que s'il s'agissoit de liquider un rachat sur un fief corporel de la même valeur.

Art. IX. Si les mouvances à raison desquelles on voudra se racheter, n'ont point été inféodées, ou dépendent d'un fief situé dans un pays où le jeu de fief ne peut porter préjudice au seigneur, audit cas le rachat en sera liquidé ainsi qu'il suit :

Il sera fait d'abord une évaluation des fonds tenus en fief, ou en censive, eu égard à leur valeur réelle, abstraction faite des charges dont ils sont tenus envers le fief dont ils relèvent, et de la même manière que si la pleine propriété de ces fonds appartenoit encore au propriétaire du fief dont ils relèvent.

Le rachat des droits casuels, dus au propriétaire du fief supérieur, sera ensuite liquidé, conformément aux règles prescrites pur le décret du 3 mai, et selon la nature et la quotité des droits dont est grevé le fief inférieur, sur la somme totale qui sera résultée de la première opération ; en telle sorte que le rachat payé soit égal à celui qui auroit été dû, si les fonds dont le propriétaire du fief inférieur s'étoit joué, lui appartenoient encore en pleine propriété.

Art. X. La disposition de l'article précédent aura également lieu dans le cas où la mouvance auroit été précédemment rachetée par le propriétaire ou par les propriétaires des fonds chargés de cette mouvance, les dispositions des articles XLIV et XLV du décret du 3 mai n'ayant jamais dû recevoir leurs applications qu'au cas où il s'agissoit de mouvances non-inféodées.

Art. XI. A l'avenir la réunion ou consolidation des biens tenus en censive au fief dont ils étoient mouvans, ou de ce fief à celui dont il étoit mouvant, ne produira aucun droit ou profit en faveur des ci-devant seigneurs de fief dominant, et n'augmentera dans aucun cas le prix du rachat du fief servant, sur lequel le propriétaire du fief dominant ne pourra exercer que les mêmes droits qui lui appartenoient avant ladite réunion ou consolidation.

Art. XII. Le régime féodal etant détruit, nul ne peut aliéner tout ou partie d'un fonds, à titre d'inféodation ou d'accensement, et sous ce prétexte, s'exempter des droits auxquels auroit donné lieu l'aliénation faite avant le rachat des droits ci-devant seigneuriaux dont le fonds étoit chargé.

Instruction du comité féodal sur la manière d'opérer en conséquence des articles 8 et 9 du décret ci-dessus.

Sur l'article VIII. Lorsque le propriétaire d'un fonds, ci-devant fief, veut racheter les droits casuels à raison des mouvances inféodées dépendantes de son fief, et dont il n'a pas reçu lui-même le rachat, il faut faire une double opération.

Il faut d'abord évaluer la somme qui lui seroit due à lui-même par le propriétaire, ou par les propriétaires des fonds soumis à sa mouvance.

Supposons le fief B, mouvant du fief A, et qui a sous sa mouvance le fief C.

Si ce fief C est évalué 12,000 livres, et s'il est sujet au douzième pour les mutations par vente, le rachat que ce fief devroit au fief B à raison des mutations par vente, sera, suivant le n°. 7 de l'article XXV du décret du 3 mai, de la moitié du droit, c'est-à-dire, de 500 livres.

Si le fief C, quant aux droits pour les mutations, autres que par vente, est dans le cas de l'art. XXVIII du décret, le rachat dû pour cette seconde cause, sera des cinq douzièmes du droit, qui est une année du revenu. Supposant le revenu de ce fief à 400 livres, le douzième sera de 33 livres 6 sols 8 den., et les cinq douzièmes seront de 166 livres 13 sols 4 deniers.

Réunissant ensuite les deux sommes de 500 livres et de 166 livres 13 sous 4 deniers, que le propriétaire du fief B devroit recevoir du propriétaire du fief C, on aura la somme totale de 666 livres 13 sous 4 deniers, qui formera la valeur de la mouvance du fief B sur le fief C.

Pour trouver ensuite la somme que le propriétaire devra lui-même au fief A, pour le rachat de cette mouvance, il faudra faire une seconde opération.

Supposant (comme cela est ordinaire) que le fief B est tenu envers le fief A, sous les mêmes charges que le fief C, il en résultera que B doit à A la moitié d'un droit de mutation par vente au douzième. Le douzième de 666 liv. 13 sols 4 deniers, étant de 55 livres 10 sols, le rachat dû pour ce premier droit sera de 27 livres 15 sous.

Quant au droit de relief, arbitrant le revenu de 666 liv.,

13 sous 4 deniers, à 30 livres par an, dont le fief B doit cinq douzièmes, il en résultera une somme de 12 livres 10 sous.

Joignant les deux sommes de 27 livres 15 sous et 12 liv. 10 sous, on aura la somme totale de 40 livres 5 sous pour le rachat dû par le fief B au fief A, à raison de sa mouvance féodale sur C.

Si cette mouvance n'est pas féodale, mais seulement censuelle, il ne faudra, dans la première opération, tirer le rachat qu'à raison des mutations par vente. Supposant le droit de vente toujours au douzième, on aura toujours 500 livres pour résultat de la valeur de cette mouvance, et 33 livres 6 sous 8 deniers pour le rachat qui en sera dû par le fief B au fief A : mais on n'aura plus la seconde partie, attendu que le fief B n'aura point de droit de relief sur une simple censive.

Cet exemple suffit pour indiquer la manière d'opérer générale, laquelle ne pourra varier que dans ses résultats, suivant les différentes quotités des droits que le fief servant aura droit de percevoir sur les fonds mouvans de lui, et qu'il devra lui-même à son fief dominant.

Sur l'article IX. Cet article est pour le cas où la mouvance qu'il s'agit de racheter procède d'un jeu de fief qui n'a point été autorisé par le propriétaire du fief supérieur.

Ici l'opération est toute différente. Ce n'est plus la simple valeur de cette mouvance qu'il faut estimer, et qui doit servir de base à la liquidation de rachat. Le propriétaire du fief inférieur, n'ayant pas pu préjudicier à son seigneur par un jeu de fief non-autorisé, est réputé avoir conservé le fief dans son intégrité; en cas de mutation de sa part, il doit les droits de la même manière que s'il avoit conservé la pleine propriété des fonds qu'il a mis hors sa main, et sur lesquels il n'a reservé que la directe. Le rachat qu'il doit est relatif à la quotité des droits dont il est chargé : il faut donc liquider le rachat de la même manière que si le fief existoit dans son intégrité.

Soit supposé le fief B, composé de cent arpens, et cédé en cet état par le fief A, dont il est mouvant. B a infeodé à C cinquante arpens, et a accensé à Jacques et à Philippe trente arpens ; ensorte qu'il ne reste entre ses mains que trente ar-

pens : mais s'il vend ces trente arpens, il doit les droits comme s'il possédoit les cent arpens ; et c'est sur ce pied que doit être liquidé le rachat.

Supposant les cent arpens de valeur de 100,000 livres, et de 3,000 livres de revenu.

Si le fief B est dans le quatrième cas de l'article 25 du décret du 3 mai, c'est-à-dire, s'il est sujet au quint, en cas de vente, il devra pour le rachat de ce premier droit, cinq treizièmes du quint, ou de 20,000 livres, c'est-à-dire, 7,652 liv. 5 s. 10 d.

Quant au droit de relief, s'il est dans le cas de l'article 39 du décret du 3 mai, il devra cinq dix-huitièmes de 3,000 liv. ou 833 liv. 6 s. 8 d.

Ainsi le fief devra en total pour le rachat des droits casuels, 8,505 liv. 12 s. 6 d. ; somme bien différente de celle qu'il auroit due, si les mouvances eussent été inféodées.

Dans cette seconde hypothèse, la mouvance sur les 50 arpens tenus de lui en fief, n'auroit été évaluée qu'à 4,252 liv. 16 s. 3 den.

Celle sur les vingt arpens tenus en censive, qui n'auroient dû leurs lots qu'au douzième, et point de relief, n'auroit été évaluée qu'à 833 livres 6 sous 2 deniers.

Le fief B n'auroit dû, pour le rachat tant des droits de vente que des droits de relief de sa mouvance sur les 50 arpens, qu'environ 383 livres 17 sols 1 deniers et, pour le rachat des mêmes droits de la mouvance sur les 20 arpens tenus en censive, qu'environ 147 livres.

Ainsi, dans l'hypothèse où les mouvances eussent été inféodées, le fief B n'auroit dû que,

1°. Pour les trente arpens, tenus en pleine propriété.	2555 l.	10 s.
2°. Pour les cinquante arpens mouvans de lui en fief.	383	17
3°. Pour les vingt arpens mouvans de lui en censive.	147	
Total.	3086	7

Il devra au contraire, ses mouvances n'étant point inféodées, en totalité. 8505 12 6

Différence. 5419 5 6

L'opération et la différence des résultats seront les mêmes, soit qu'il s'agisse de liquider le rachat d'une mouvance non encore rachetée par le Vassal, ou censitaire, soit que cette mouvance ait été précédemment rachetée.

www.ingramcontent.com/pod-product-compliance
Ingram Content Group UK Ltd.
Pitfield, Milton Keynes, MK11 3LW, UK
UKHW022030170726
13837UKWH00002B/506

9 782329 425092